죽은 생각 버리기

죽은 생각 버리기

똑같은 고민을 반복하는 당신
무엇이 문제인가?

죽은 생각 버리기

도영태 지음

프롤로그

수년전에 현대인의 병 '역류성 식도염'에 걸려 고생했다. 바쁜 스케줄에 쫓겨 불규칙한 식사를 하면서 엄청난 스트레스까지 가세해 생긴 당연한 결과였다. 그런데 곧 나을 것 같던 이 병이 몇 개월간 심하게 고생을 시키더니 언제부터인가는 약도 들지 않고 후두염으로 이어져 강사인 나에게 치명타를 주었다. 병이 낫지 않아 신경 쓰고, 그 신경이 더욱 병을 낫지 않게 하고 기묘한 악순환이 반복되었다. 물리적으로 좋다는 처방 또한 모두 해 보았지만 말짱 꽝이었다.

나는 서서히 절망하기 시작했다. 그러나 벼랑 끝에서 몸과 마음을 바로 세웠다. 이후 병에 대한 집착으로부터 탈출을 시도했다. 놀랍게도 작은 병마에 대한 생각 버리기가 서서히 증세를 완화시켰다. 수많은 전문의들도 호전시키지 못한 질병을 단순한 생각의 전환이 해결한 것에 대해 난 적잖은 충격과 함께 깨달음을 얻었다.

'정말 어리석은 사람은 아무것도 버리지 못하는 사람이다.'

이 책은 이러한 생각의 기조하에 매우 오랜 시간 공을 들여 탄생하였다.

유연하면서도 강하며 때로는 상당히 발칙한 생각을 담아냈다. 책을 쓰면서 오기마저 발동을 했다.

왜 우리는 변화하는 시대에 맞는 적절한 사고를 하지 못하고 있는가?

왜 우리는 생각에 대해 다룬 외국 번역서만 선호하는가?

왜 우리는 좀 더 생각으로부터 자우로워지지 못하는가?

《죽은 생각 버리기》를 집필하면서 지금의 문화적 색채와 시대감각에 부응하려고 몇 배 노력했고, 가장 한국적인 생각에 대한 생각을 언급하려고 부단히도 애썼으며, 보다 융통성 있고 재기 발랄한 사고에 설득력을 더하

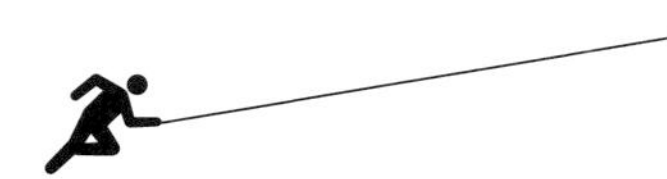

려고 열정을 쏟았다.

일과 소통 그리고 문제해결과 자기계발, 긍정에 이르기까지 다양한 부분에 대한 생각 흔들기, 바꾸기, 뒤집기, 비틀기, 다듬기 등을 통하여 마치 혁명과도 같은 총체적 생각 주무르기를 시도하였다. 때문에 책을 통해 완전히 생각의 틀을 바꾸는 것은 기대하기 어렵더라도 적어도 생각의 반전에 공감하게 될 것이다.

갈수록 팍팍한 인생은 '버려야 산다' 그리고 '비워야 한다' 또한 '내려놓아야 편하다'가 해답이다. 특히 음식물의 찌꺼기와 같은 죽은 생각은 가급적 버리는 것이 상책이다. 이미 죽은 사고는 밀어내기로 버리고 또 채우면 된다. 그 결과로 얻는 것은 바로 오랫동안 괴롭혀온 질병으로부터 해방되는 것과 같은 즐거움과 행복이다. '죽은 생각 버리기'로 말미암아 역설적으로 이른바 생각의 '긍정 회복 탄력성'을 이끌어 내어 더불어 우리의 삶이 보다 자유롭고 행복해졌으면 한다.

책이 나오기까지 수고로움을 자처한 사람들에게 고마움을 표시하고 싶다. 역발상답게 우선 이런 책을 쓴 나의 역량에 감사한다. 책의 가치를 제일 먼저 알아주고 출간을 검토해주신 무한 출판사 사장님과 고생한 편집부 직원들에게도 심심한 감사의 마음을 전한다. 끝으로 책이 완성되기까지 직간접적으로 지켜본 나의 주변에 있는 소중한 사람들과 출간의 기쁨을 함께하고 싶다.

– 도영태

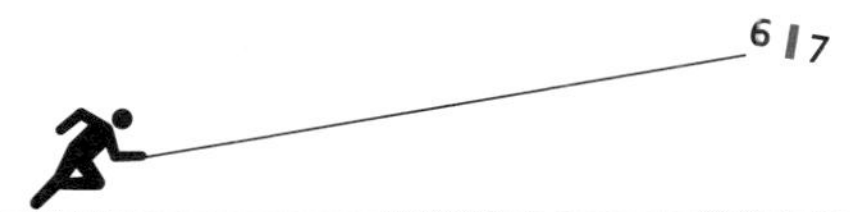

contents

제1부

일에 대한
생각 흔들기

안 되는 것은 안 되는 것이다

바가지의 오목한 곳으로 물을 뜨면 물이 잘 떠진다. 그러나 볼록한 곳으로 물을 뜨려고 하면 아두리 용을 써도 떠지지 않는다. 우리는 때때로 바가지를 거꾸로 들고 도저히 불가능한 물 뜨기를 하려 한다.

이른바 '안 되면 되게 하라'는 식인데 이는 역발상 관점에서 참으로 답답한 사고다. 따지고 보면 세상에는 안 되는 것이 참으로 많다. 그러니 죽어도 안 되는 것은 안 되는 것이니 괜히 되게 하려고 애쓰지 말고 포기하길 권한다.

안 되는 것을 되게 하려다가 얼마나 많은 시간과 노력을 허비했던가? 그 일에 전문가도 아니고 능력도 없는 사람이 해당 일을 완벽하게 수행한다는 것은 거의 불가능하다. 드저히 안 되는 상황을 요행으르 넘겨보

려 하는 것은 로또 당첨보다도 어렵다. 요즘 세상은 안 넘어가는 이성을 열 번 이상 찍으면 넘어가기는커녕 '스토커'로 오해만 받는다. 이처럼 불가능한 것을 되게 하라는 무모한 기대와 독려는 버려야 한다. 우리가 무슨 공수부대도 아니고! 좌우지간 안 되는 것은 안 되는 것이다.

안 되는 것을 억지로 되게 하면 부작용을 낳을 수 있다. 모 단체에서는 겨울철에 단합을 위한 등산을 계획했다고 한다. 그런데 갑자기 기온이 뚝 떨어져 영하 10도가 넘는 한파가 들이닥쳐 산행을 취소해야 했음에도 불구하고 단체장은 이를 무리하게 강행했다. 등산 후 몸살 환자가 속출하고 심지어 동상환자가 발생했다고 한다.

이 얼마나 무모한 처사인가? 특히 조직을 책임지는 리더는 각성해야 한다. 아직도 '안 되면 되게 하라'고 목에 핏대 세우는 리더가 있다면 나는 이들을 '앞만 보고 달리는 돌쇠'라고 불러주고 싶다.

불도저처럼 밀어붙이기 전략은 과거 경제시대의 규모에나 어울린다. 명확한 검증절차 없이 막무가내로 일을 추진해보라. 도저히 달성하기 힘든 목표량을 할당해주고, 품절된지 10년이 넘은 물품을 구해내라고 길길이 날뛰어 보라. 기적이 아닌 다음에야 잘되겠는가? 애써 쌓아놓은 신뢰도 무너뜨리고 그것으로 인한 후유증만 생길 뿐이다. 또한 괜한 사람들 잡게 되고 달성과정까지의 무리수와 편법이 난무하게 된다.

특히 안 되는 사업은 빨리 접고 되는 쪽으로 집중하는 게 맞다. 과거

승승장구했던 기업들이 경험도 역량도 없이 안 되는 사업에 발을 담갔다가 막대한 출혈을 감당하지 못하고 추락한 사례는 이를 입증하고도 남는다.

IT분야에서 우리나라의 대표적 자존심인 S그룹도 1990년대 후반에 무리하게 자동차 제조 사업을 진행하다가 IMF 여파로 구조조정을 피할 수 없게 되었고, 엄청난 손해와 더불어 프랑스 기업에 불리한 조건으로 인수 합병되는 비극을 맞이했다. 당시 S기업 총수의 '우리가 하면 안 되는 게 없다'라는 무모한 자존심이 가져온 오점이었다. 이후 S그룹이 정신을 차리고(?) 경쟁력 있는 분야에 매달려 세계 최고 수준의 기술력을 확보하게 되었으니 얼마나 다행스러운 일인가.

가능한 범위 내에서 수위조절을 해야 비즈니스 성과를 낼 수 있듯이 자녀 교육도 그렇다. 어떤 부모는 '넌 무조건 일류대학에 입학해야 한다'고 자식에게 강요하는 경우가 있는데, 적성과 능력을 고려하지 않은 부모의 무분별한 태도는 자식을 더욱 엇나가게 한다.

한편 안 되는 것은 안 된다고 확실하게 말할 수 있는 용기도 필요하다. 죽었다 깨어나도 들어줄 수 없는 고객의 요구사항을 계속 붙잡고 있어봤자 고객의 불만만 쌓여갈 뿐이다. 도저히 시간 내에 가지 못하는 약속은 망설이지 말고 사정을 조리있게 이야기해야 하며, 들어줄 수 없는 상대방의 부탁은 어렵다고 미리 알리도록 해야 한다. 그래야 상대방이

한껏 기대에 부풀었다가 더 크게 실망하는 것을 방지할 수 있다.

'못 먹어도 고(Go)!'가 아니라 '먹을 수 있을 때 고!'를 외쳐야 덤터기를 쓰지 않는다. 행여 기적을 바라거나 계속하면 언젠가 될지도 모른다는 막연한 희망은 버려라. 안 되는 것은 정말 안 되는 것이다.

모순을 인정하라

창의적 문제해결법으로 널리 알려진 '트리즈(Triz) 이론'은 모순에서 출발한다. 예를 들면 '기능이 뛰어나면서도 가격이 싼 것', '얇으면서도 견고한 것', '직원 수를 늘리지 않으면서도 매출을 늘리는 것' 등이 대표적이다.

모순을 인정하고, 그 모순을 극복하기 위해 획기적이고 혁신적인 대안을 만들어 현실에 적용하는 것이 트리즈 이론의 핵심이다. 즉 문제의 모순에 창의적인 아이디어를 더해 문제를 해결하는 방법인 것이다.

예를 들면 비행기에는 공기저항을 줄이기 위해 바퀴가 있으면 안 된다. 하지만 착륙할 때는 바퀴가 있어야 된다. 바퀴가 필요하면서도 없어야 되는 것이다. 이 모순은 비행기가 이륙 시에는 바퀴가 올라가고, 착

류 시에는 바퀴가 내려오는 '접이식 비행기 바퀴'가 만들어지면서 문제를 해결할 수 있었다. 간단한 아이디어지만 이 고정식 바퀴에 대한 생각의 틀이 깨지기까지 20년이 걸렸다. 모순의 덫에서 헤어나지 못했기 때문이다.

구소련의 엔지니어 갠리히 알푸슐러가 창시한 트리즈 이론(모순 인정→생각의 틀 깨기→한번 더 고민→적용)은 현재 수많은 글로벌 기업 및 국내 대기업에서도 제품개발 등에 응용되고 있다.

사람들은 모순을 잘 찾는다. 아니 문제점을 잘 끄집어낸다. 하지만 그것을 해결하려는 사고방식은 일정한 틀에 박혀있다. 그래서 항상 의견이 분분하고 해결되는 것이 많지 않다. 모순을 인정하고 받아들이는 것에서부터 문제해결이 시작된다. 이를 무시하면 딜레마에 빠질 수 있다.

한쪽을 해결하면 다른 한쪽에서 문제점이 불거지는 것이 아니라, 양쪽을 모두 해결하는 데 있다. 'A상황에서는 C처럼 되어야 하고, B상황에서는 D처럼 되어야 하는데, C와 D가 둘 다 공존하기 위해서는?', 'C처럼 되면서도 D처럼 되어야 하는 모호함'이 문제해결의 실마리가 되는 것이다. 모순에서 출발한다는 것 자체가 아이러니하지만 획기적인 공법과 제품이 탄생된다.

건물을 지을 때 기초공사 시 일정한 간격으로 쇠말뚝을 세워야 한다. 그런데 겨울철에는 땅표면이 얼어 쇠말뚝이 잘 들어가지 않았다. 아이디어를 낸 것이 말뚝 끝을 뾰족하게 만들자는 것이었는데, 그 말뚝을 사용하니 잘 들어가기는 했지만, 견고하게 고정되지 않았다. 말뚝의 끝이 뭉툭하면 빠지지는 않으나 잘 박히지 않고, 끝이 뾰족하면 잘 박히나 빠지기가 쉽다.

건설회사는 이 모순을 어떻게 해결했을까? 쇠말뚝이 땅에 잘 박히면서도 잘 빠지지도 않아야 하는데 말이다. 뾰족한 쇠말뚝에 폭약을 넣어 잘 박히게 한 다음, 땅속에서 폭약으로 말뚝을 폭파, 끝이 무뎌지게 하여 빠지지 않게 하는 신공법을 개발했다.

스마트폰 개발에서도 트리즈 이론을 적용해 많은 문제들을 해결했다. 스마트폰은 휴대용이므로 크기가 작아야 하지만, 인터넷 검색이나 영화를 보기 위해서는 액정크기가 커야 했다. 그 결과 액정은 크면서도 휴대가 용이한 얇은 휴대폰들이 나왔다. 사이즈에 대한 고정관념을 깨뜨리는 사고를 '스마트 사이징'이라고도 한다.

가끔은 생활속에서 모순을 발견하는 습관을 가져보자. 모순은 풀지 못하는 수수께끼가 아니다. 획기적인 발상으로 얼마든지 해결할 수 있다. 모순을 모순으로만 인정하고 이를 해결하는 쪽에 더 무게 중심을 두도록 하자. 모순을 창의적 방법을 적용하여 해결했을 때 모순으로부터 해방되고 문제도 해결하는 두 마리 토끼를 한꺼번에 잡을 수 있다.

박수 칠 때 떠나지 마라

막강한 영향력, 높은 급여, 상사의 총애 등 소위 잘나가는 사람들은 지금 박수를 받고 있는 사람들이다. 그런데 이런 유능한 사람들 가운데 '박수 칠 때 떠난다'며 괜한 객기를 부리는 사람들이 있다. 이들에게 꼭 물어보고 싶다.

"남들이 박수 칠 때 왜 떠나는가? 다른 곳에 가면 또 그만큼 박수를 받을 수 있는가?"

지금이 전성기이고 박수를 받고 있을 때라면 이를 누려야 한다. 그러면서 더 크게 성취하고 더 많이 조직에 기여하면 된다. 뚜렷한 목표도 없이 멀쩡하게 잘 다니던 직장을 그만두고, 남들 다 좋다는 자리를 괜한 명분 따지며 거부하고, 한창 일이 잘 되려는 시기에 불현듯 이전을 검토하는 것이 어리석은 행동은 아닌지 자문해보자.

박수갈채를 받을 때가 가장 행복한 시기이며, 지금 박수를 쳐주는 이곳만큼 최상인 곳은 없다. 특별한 뭔가가 없는 한, 지금 이곳에서 쌓아놓은 명성은 은행계좌와 연결된 신용카드처럼 다른 곳에서도 자연스럽게 통용되지 않는다. 박수 칠 때 떠나는 화려한 모습은 헐리우드 로맨틱 코미디 영화에서나 가능한 일이다.

30대 초반의 매우 촉망받는 직원이 있었다. 그는 일도 잘하고 성과도 좋아 윗사람들로부터 후한 평가를 받고 있었는데, 조직을 떠나 자유로운 생활을 하고 싶다며 돌연 사표를 제출하고 외국계 보험회사 영업사원이 되겠다고 했다. 다른 사람들이 극구 말리고 아쉬워했지만 그의 결심을 막기에는 역부족이었다. 급기야 박수 칠 때 떠나는 그를 보고 '대장부'라고 부러워한 직원도 있었고, 그 역시 근무지를 멋지게 박차고 나오는 것 같아 뿌듯해 마지않았다.

그러나 수년이 지난 지금 그는 힘겹게 보험설계사 일을 하며 지난날의 결정을 후회하고 있다. 보험과 같은 금융회사는 고객 유치 실적이 좋지 않으면 절대 박수 쳐주지 않는다. 이전 직장에서의 화려했던 이력은 단지 추억일 뿐 당장의 성과를 내지 못하는 그에게 회사는 박수갈채에 매우 인색할 수밖에 없다.

우리는 대개 미래에 대한 비전과 구체적이고 확실한 방법론 없이 지

금 잘 나가니까 막연히 더 잘 될 것이라는 기대를 갖고 움직인다. 그러나 치밀하게 계획된 로드맵이 없는 한 현재의 박수가 이어질리 없다. 지금 박수는 철저히 현 조직에서만 통용되는 '내수용 박수'이기 때문이다.

육군사관학교를 나와 직업군인의 길을 걸으면 박수를 받는다. 그러나 박수 칠 때 아무런 목표 없이 중도에 군인의 길을 포기하고, 사회에 진출한 필자의 동기생 중에는 지금껏 박수 한번 제대로 받지 못한 친구도 있다. 뒤늦게 군대생활의 향수에 젖어봐야 이미 지나간 버스일 뿐이다.

따라서 박수칠 때 움직이려는 결정은 잠시 유보하도록 하자. 어디를 가도 조직은 거기서 거기고 심지어 여기보다 더 못할 수 있다. 진짜로 떠나려면 박수가 적어질 때 떠나도록 하자. 그렇다고 박수가 아예 안날 때 떠나는 것은 초라한 변신이 되기 때문이다. 이런 상황은 스스로 감지할 수 있다.

내가 지금 변신해야 할 특별한 이유가 있는 것이 아니라면 지금까지 애써 얻은 긍정적 평가와 기득권을 쉽게 포기하면 안 된다. 신중함 없이 박수 칠 때 떠난 사람은 낯설고 험한 곳에 가서 한번 생고생을 하며 깨닫게 된다. 진정 폼 나게 사는 사람은 박수 칠 때는 끝까지 남아서 박수와 더불어 그 일을 즐기는 사람이다.

직무 만족도는 빵의 크기에 비례하지 않는다

중견기업에 다니는 A대리는 내로라하는 대기업에서 거꾸로 이직해 온 케이스다. 연봉도 1/3이나 삭감됐다. 남들은 제정신이 아니라고 했다. 그러나 A대리는 지금 하고 있는 일에 매우 만족하다고 한다. 빵의 크기는 작더라도 시스템이 조직적이고 세분화 되어 있는 대기업에서 시계부품처럼 일하는 것보다 중견기업에서 일하는 것이 더 행복하다나?

무엇보다 A대리는 대기업에서 일할 때 자신의 업무 포지셔닝이 좁다는 것에 숨이 콱콱 막혔다고 한다. 몇 단계의 의사결정 루트, 수십 번의 검토와 확인, 지독하리만큼 집약적인 직무는 전문성을 키울지 몰라도 직무 활동 범위를 좁힌다는 것이 그의 주장이다.

가령 노트북을 만든다고 가정했을 때 대기업에서는 노트북 뚜껑을

열고 닫는 이음새만 연구하지만, 중견기업에서는 노트북 개발 자체를 총괄할 수 있다는 것이다. A대리는 실컷 기획만 하고 의사결정을 못하는 것보다 자신의 펜대 하나에 의해 현장이 팍팍 움직이는 것을 보며, 월급은 적어도 책임지고 일하고 있다는 보람을 느낀다고 거듭 강조한다.

실제 요즘은 큰 조직에서 작은 조직으로 옮기는 사람들이 적지 않다. 겉모습은 번지르르하고 연봉 많은 대기업만이 능사가 아니다. 길게 내다볼 때 '조직이 사람을 움직이는' 대기업보다 '사람이 조직을 움직이는' 유망 중소기업이 즐겁게 일할 수 있다. 작은 회사 직원일지라도 직무 자체에 꿈과 희망이 있다면 괜찮다.

직무만족도는 빵의 크기에 비례하지 않는다. 폼 나는 직함, 책상은 더더욱 아니다. 적절한 일의 권한과 책임, 끈끈한 인간관계, 시련이 있더라도 성취동기만 있다면 직무만족도는 상대적으로 높을 수 있다.

3M은 전체 업무시간의 15%를 창의적으로 보낼 수 있도록 보장하고 있다. 즉 하루 3시간은 아무런 통제도 하지 않는 개인시간으로 부여하는 것인데, 급여를 15% 더 올려주는 것보다 더 인기 있고 직무만족도가 크다고 한다.

또한 현재 이직을 준비 중인 직장인 500여 명을 대상으로 설문조사를 한 결과에 의하면 '연봉이 너무 적어서'라는 답변은 20% 미만으로 집계되었다. 빵의 크기 이외에 사내 인간관계가 좋지 않아서(22%), 업무량이 많아서(13%) 등 기타 비전이나 회사상황에 관한 항목이 더 큰 영향을 주고 있었다. 반대로 직장인들은 대인관계와 분위기가 좋은 회사에서는 급여는 적더라도 이직율은 현저하게 떨어진다는 조사 결과도 있다.

대기업이 직무 만족지수가 높을 것이라고 외치면 듣는 우량 중견기업 화난다. 시계 태엽처럼 정교하게 굴러가는 시스템에서는 주인의식을 저하시킬 수 있다. 월급을 많이 주는 만큼 그에 상응한 노동의 대가를 반드시 요구한다. 상대적으로 많은 업무량에 비해 권한이 작을 수 있다. 대기업에서 임원이 해야 하는 일을 실무자에게 맡기는 중견기업도 있다. 그들은 일개 사원에게 초대형 프로젝트를 맡기고 기다려 준다. 그 사원은 기대에 저버리지 않고 큰 건(?)을 해결한다. 만족도는 누가 더 높을까?

물론 대기업은 복지나 혜택이 잘 되어 있어 장점이 많다. 반대로 돈도 적게 주고 막 부려먹는 최악의 중소기업도 있으니 치우치게 어느 쪽을 예찬할 수는 없다. 그러나 빵의 크기 논리로 만족감을 대신하지 않았으면 한다.

지금도 자신의 꿈은 외면해 버리고 빵의 크기만을 쫓아 대기업에 취업하려는 청춘들이 많다. 눈높이를 낮추고 현실적으로 바라보면 꿈을 펼칠 수 있는 곳이 많은데, 왜 만족감의 크기를 기업의 규모라는 잣대로 보려고만 하는지 안타깝다. 결국 직무만족도는 '양보다 질'이어야 한다.

자영업 사장보다 월급쟁이가 낫다

15년간 건설회사에서 일한 사촌형님이 직장생활에 대한 염증과 거기서 받는 스트레스를 떨쳐 버리고자 평소 생각해 둔 건설자재 대리점을 열었다. 직원 몇 명을 거느린 명색이 사장이기에 내심 뿌듯해 하며 의욕적으로 출발했다. 그러나 불과 1년을 못 가 사장직을 벗어 던져야 했다.

회사 다닐 때는 담당 관리 업무만 했지만 직접 회사를 경영해보니 영업과 매출에 대한 압박이 이만저만 아니었고, 3~4명의 직원 월급은 꼬박 챙겨야 했으며 작은 대리점이지만 하나부터 열까지 신경 써야 하니 고생이 이만저만 아니었다. 더구나 밤낮으로 일해도 일은 끝이 없었다. 하지만 궁극적으로 자영업을 접게 된 가장 큰 원인은 회사 다닐 때는 갑의 입장에서 거래처를 휘둘렀는데, 을이 입장이 되어 보니 직위가 낮은 회사 담당자에게도 굽실대야 한다는 현실이었다. 과거 회사에서 함께 일한 부하직원 대리에게도 존대를 하며 일을 따내기 위해 비위를 맞춰야 했으니 사촌형은 꽤나 자존심이 상했을 것이다.

'단 며칠을 일해도 사장으로 폼 나게 일하고 싶다', '구멍가게라도 사장이 낫다' 하며 자영업을 꿈꾸는가? 아서라. 이는 장밋빛 착각이요, 무지갯빛 환상에 불과하다. 요즘 시대 자영업 대표는 타이틀만 좋을 뿐 감당해야 할 고통의 무게는 월급쟁이의 몇 배다.

무턱대고 자영업을 했다가 망하기 십상이다. 10명이 창업을 한다면 겨우 1~2명 정도만 그럭저럭 유지하는 것이 현실이다. 한 조사결과에 의하면 자영업자들의 평균 수입은 150만 원이 채 되지 않는다고 한다. '자영업은 아무나 하나?'라는 말이 딱 들어맞는다.

"직장 그만두면 개고생한다!"

필자가 강의 가서 직원들에게 꼭 하는 말이다. 월급쟁이의 장점이 많거늘 왜 어느 정도 보장된 직장생활을 포기하고 불안정한 자영업 인생을 살려고 하는 것일까? 월급쟁이들은 적어도 때가 되면 꼬박꼬박 월급이 나오지만 자영업자는 매월 살얼음판을 걷는다.

거기다 절감요소는 거의 없다. 직장인은 월급 외에 사무실 집기와 각종 지원에 복리후생까지 누리지만, 자영업자들은 식사도 자력으로 해결해야 하고, A4용지에서부터 딱풀 하나까지 사서 써야 한다. 그뿐인가?

필자도 직장생활을 해보았지만 직장인들은 때가 되면 아프지 말라고 건강검진도 해주고, 업무를 더 배우고 잘하라고 교육도 시켜주고, 지칠 만하면 휴가도 보내준다. 시간이 지나면 위치와 급여가 달라지기도 하고, 궁극적으로 사람들과 더불어 있으니 정서적으로 외롭지가 않은데 왜 이 좋은 조건을 뿌리치고 나가려고 하는가?

연봉 5000만 원을 받던 직장인이 자영업으로 전환해서 혼자 프리랜서로 일을 했을 때 동일한 연봉의 수익을 올리려면 1.6배를 벌어야 한다. 즉, 연 8000만 원을 벌어야 직장생활을 했을 때의 연봉과 같은 돈을 만질 수 있는 것이다.

만약 이를 번다고 치자. 그런데 직장 다닐 때보다 몇 곱절의 힘이 든다면? 의미가 없다. 맘고생은 맘고생대로, 육체는 밤낮없이 피곤하니 자영업으로서의 메리트는 떨어질 수밖에 없는 것이다. 더구나 직원 한 명을 고용할 때마다 고정비를 감당해야 하니, 자영업은 직장인들에게 무늬만 화려한 포장지이다.

따라서 자영업으로 전환을 하려면 지금 월급보다 3배 이상 더 벌 자신이 있을 때 독립만세를 불러야 한다. 직장인일 때보다 3배 이상 벌 수 없을 때에는 총 매출에서 월급쟁이일 때 절감되는 비용항목을 공제했을 때 초라한 손익계산서를 손에 쥘 수 있기 때문이다.

그래도 자영업을 희망한다면 개인기업이나 월급쟁이 사장으로 시작해보자. 개인브랜드 시대가 오고, 월급 받는 전문 경영인 체제가 활발하므로 이는 얼마든지 비전이 있다. 특정분야에서의 역량과 특별한 노하우가 있으면 도전해 볼 것을 적극 권장하고 싶다. 그러나 이러한 필요충분 조건이 갖추어지지 않는다면 되도록 직장인으로, 월급쟁이로 오래오래 가려고 노력하라. 그야말로 '가늘고 길게'이다. 월급쟁이라고 자신을 비하하지 말자. 월급쟁이가 더 행복하다.

자영업이나 프리랜서를 하면 상사 눈치도 안 보고 돈도 많이 벌 수 있지 않을까? 천만의 말씀! 큰 자본이 받쳐주지 않으면 대부분 돈도 명예도 없는 생계형 사장이 많다. 직장인이여, 버티고 버티고 또 버텨라! 이젠 승리하는 자가 살아남는 게 아니라 살아남는 자가 승리한다.

변화는 아래가 아닌 위부터

모 회사 강의를 갔다. 과정이 '변화와 혁신을 위한 전 직원 워크숍'인데 그중에서 필자가 담당한 것은 '변화에 대한 마인드'를 일깨우는 역할이었다. 현 경기와 조직 분위기가 예전 같지 않은 만큼 모두가 합심에서 새로운 변화와 분위기를 창출하자는 좋은 취지에서 야심 있게 추진한 워크숍이었다. 그래서 강의 준비에 더욱 신경을 썼고, 내심 윗사람들의 마인드 변화의 필요성을 역설하기로 단단히 마음먹고 강단에 섰다.

그런데 이럴 수가! 전 직원 대상이라는 워크숍에 그 많던 윗분(?)들은 다 어디로 갔는지 보이지 않았다. 강의장에 앉아있는 청중은 거의가 신입사원 또는 실무자들이었다.

'그러면 그렇지. 여기도 별 수 없군!'

결국 또 여기서 말하는 변화와 혁신은 공염불일 것이라는 생각이 파고들었다. 이제껏 변화는 항상 위가 아니라 아랫사람의 몫이었거늘 괜한 기대감에 부풀었던 것이다.

'변화해야 살 수 있다'는 슬로건 아래, 개개인들이 변화의 주체라며 윗선에서 공문이 내려온다. 위에서는 격려하고 힘을 실어주는 척 하지만, 항상 조직 아래에서 꿈틀거리다가 끝나고 만다. '아래부터 변화'를 부르짖으며 작은 것부터 실천하라고 하지만, 언제나 그래왔듯 윗선에 가면 기대했던 진정한 변화는 이루어지지 않는다. 이게 도대체 무슨 변화인가?

우리나라 조직은 리더가 움직이지 않으면 변화를 한 방향으로 모을 수 없고 힘을 발휘할 수가 없게 되어 있다. 쉽게 말해 현장 실무자들은 변화를 외치지만, 정작 조직의 수장이나 해당 부서장이 묵묵부답이면 변화는 물거품이 된다. 그 반대의 경우는 다르다. 조직의 리더가 변화를 외치면 그 조직의 변화는 탄력을 받는다. 이제 변화의 방식을 바꿔보자. 'Top down' 방식으로 변화를 추구해야 한다. 아래부터가 아니라 위부터의 변화인 것이다.

한때 조직 내에서 스마트 교육 열풍이 일었을 때 스마트 기기 학습은 정작 높으신 리더들의 변화과제였거늘, 역시나 교육을 받는 사람들은 실무자였다. 그 결과, 리더나 핵심 간부들은 스마트 시스템을 몰라 환경 변

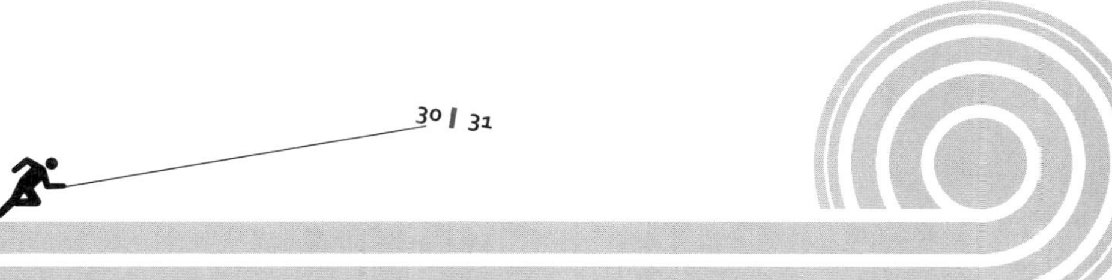

화에 소극적으로 대처했고, 실무자들만 이리저리 애먹다가 그 리더들을 가르치는 수고로움까지 모두 떠맡는 이중고에 시달렸다고 한다.

변화를 이끌어냄에 있어서 개개인은 힘이 약할뿐더러 응집해야 하는 과제를 안고 있다. 그러나 리더는 개개인을 응집해낼 수 있는 막강한 영향력이 있다. 그러니 리더가 움직여야 하고 리더가 나서야 변화가 일어난다. 아랫 사람이 강력하고 조리 있게 변화를 부르짖는 것보다 윗사람이 변화하자고 한마디 하는 것이 더 무게 있다. 달변가인 일개 병사의 말보다 사단장 한마디가 병력을 움직이게 되어 있다. 같은 이야기라도 차원이 다르다.

대기업 H그룹에 근무하는 송 대리는 사내에서 인사교육업무를 담당하고 있었다. 한때 전산교육의 붐이 일었을 때 회사의 경영진은 인근 교육장을 임대하여 진행하던 것에서 사내에 멀티미디어 교육장을 구축하여 전사적으로 시행하자는 데 의견을 모으고, 교육장을 구축하는 업무를 송 대리에게 위임하였다. H그룹 계열사 중 정보통신 관련사가 있으니 협조를 구하여 일을 처리하면 어렵지 않을 것이라고 송 대리를 독려했다.

그러나 이렇게 큰 프로젝트를 송 대리에게만 맡기고, 위에서는 지원사격조차 없으니 송 대리는 죽을 맛이었다. 정보통신회사와의 협조를 얻는 데서부터 실무자 한사람 한사람을 만나서 이야기하고 처리하는데 무척이나 애를 먹었다. 그가 근무하는 회사가 그룹 본사 였기 때문에 영향력 있는 조직의 리더가 관계 계열사 책임자에게 전화 한통이라도 해서 '우리 회사 송 대리가 이런 일을 맡게 되었으니 잘 협조해 주셨으면 합니다'라는 한마디 말이라도 해주었으면 일이 보다 수월했을 텐데 지시만 내리고 알아서 하라는 식이었으니, 송 대리는 답답하고 짜증이 났을 것이다. 아래부터의 변화였으니 변화의 속도도 느렸으리라.

변화는 위에서부터 시작되어야 한다. 밑에서 변화의 물결이 길려오지 않는다고 푸념하는 한심한 리더는 하루속히 조직을 떠나야 한다. 또한 리더들이 변화를 위한 프로그램을 가장 먼저 체험해야 한다. 만만한 아랫사람들만 매번 변화의 선봉에 서라고 하고 이미 변화된 그들만 또 변화하라고 아우성이다. 창의력을 배워야 하는 것은 본인들인데, 이미 창의적 마인드가 충만한 신입사원들에게 창의력 교육을 시키고 있다.

변화를 일종의 쇼맨십으로 활용하는 것도 경계해야 한다. 의사결정자들이 자신들의 권한을 수호하고 그저 보여주기 위한 수단으로 변화를 활용하는 것은 진정한 변화가 아니다. 윗물이 변화해야 아랫물이 변한다. 아랫사람이 변하기를 탓하기 전에 윗사람인 나 자신부터 변해야 한다고 생각하자. 변화는 위에서부터 솔선수범이라는 굵은 동아줄을 타고 밑으로 내려와야 하는 것이다.

고객은 여우다

　요즘 고객은 한마디로 '여우'다. 그래서 왕처럼 신처럼 받들어 모시는 것보다는 홀리지 않도록 유의해야 한다.

　어느 온라인 쇼핑몰 담당자가 200만 원이 넘는 노트북 판매가격을 실수로 '0'을 빠뜨리고 20만 원대로 인터넷상에 올린 적이 있었다. 곧바로 담당자가 실수를 발견하고 가격을 수정하여 올렸을 때는 이미 39명의 고객이 구매를 마친 상태였다. 불과 30분도 채 되지 않은 짧은 시간이었다.

　담당자는 구매한 고객에게 일일이 전화를 걸어 사정을 이야기하고 정중하게 구매 취소를 호소하였다. 그러나 담당자의 애절한 부탁에 대부분의 고객이 어떻게 말했을까? "그럴 수도 있죠. 저도 이상하게 생각했어요”라고 말하는 고객은 아무도 없었다. 거의 모든 고객이 “그 가격에 판매한다고 올렸으니 책임지세요”라는 식이었다. 아무리 사정해도 소용이 없어 뒤늦게 회사측에서 다른 사은품을 보내 고객을 달랬던 웃지 못할 해프닝으로 마무리가 되었다.

우리는 언제나 ‘고객에게 무조건 충성하라’, ‘고객이 원하는 대로 하라’는 고객만족을 부르짖지만 이제 이러한 생각들도 바뀌어야 한다. 현실의 고객은 얄미운 여우처럼 자기 실속 다 챙기고 결코 10원도 손해 보려고 하지 않는다.

손쉽게 제품 정보를 얻을 수 있다 보니 이미 인터넷상에서 가격비교를 통해 가장 싼 가격을 알아낸 후, 오프라인 매장에 와서 제품을 그 최저가로 해달라고 흥정하고, 공짜 티켓이나 할인 쿠폰, 이벤트 상품 등은 절대 놓치지 않고 챙겨간다. 게다가 조금이라도 불만족 또는 불친절을 경험하면 곧바로 회사에 클레임을 건다. 그래도 분이 풀리지 않으면 해당 홈페이지에 들어와 악플을 주렁주렁 다는가 하면 각종 매스컴의 불만 코너를 공격 수단으로 활용하기도 한다.

그뿐인가? 온라인 쇼핑몰에서 그릇세트를 사서 집들이에 딱 한번 쓰고 나서 구매를 취소하거나, 명품보석을 구입한 후 동창회에 나가 자랑 한번 하고 반품하는 고객도 있다. 또 제품에 이물질이 나온 사건이 보도되면 일부러 이물질을 넣고 보상을 요구하는 고객도 있다. 자기는 정작

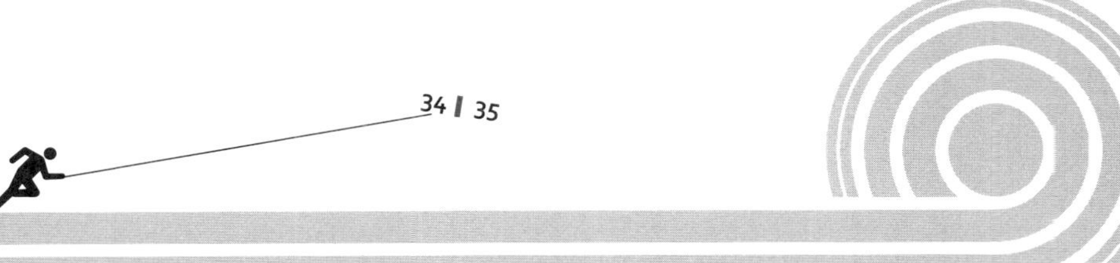

혜택 받을 거 다 받고 아무런 도움을 주지 않는 먹튀형 고객은 더욱 여우같다.

요즘 이러한 고객들을 블랙 컨슈머(Black Consumer)라고 한다. 흔히 우리가 말하는 '진상고객'으로 엉뚱함을 넘어 황당하기까지 하며 전혀 도움이 되지 않는 '짜증유발 고객'을 일컫는 말이다. 이런 고객들에게까지 충성심을 발휘하라는 것은 '무모한 고객만족'이다.

꾀 많은 여우고객에게 홀리고 당하다 보면 실속 없는 결과를 낳고, 진상고객 하나하나를 다 상대하다가는 등골이 휜다. 그렇다고 고객만족을 소홀히 하라는 것은 아니다. 현실적으로 고객의 특성을 알고 보다 유연한 고객 서비스를 해야 한다는 것이다. 때문에 요즘 '고객을 너무 배려하지 마라'라는 말까지 등장했다. 지나친 배려는 자칫 '퍼주기식' 서비스가 되어 더 안 좋은 결과를 초래할 수 있다는 것이다.

어느 카페에서는 테이블마다 태블릿PC를 설치하여 고객의 편의를 도모하였다. 그러나 그 카페는 하루 종일 PC를 붙들고 앉아있는 여우고객 때문에 문을 닫아야 했다.

이제 '어떻게 하면 모든 고객을 만족시킬 것인가에 대해 고민하지 말고, 어떻게 하면 여우고객에게 당하지 않을 것인가'를 고민해야 한다. 그 방법은 여우가 아닌 우리에게 우호적이고 도움을 필요로 하는 고객에게 더 잘해 주는 것이다. 선택과 집중! 정말 하등의 도움도 안 되는 여우

고객들에게는 극진히 받들어 모시는 열정을 쏟지 말자. 여우고객 한 명에게 쏟는 에너지는 단골고객, 우수고객 10명에게 쏟는 에너지와 맞먹는다.

고객만족은 필요하고, 고객을 위한 것은 참 좋은 일이지만, 고객은 더이상 우리가 순수하게 생각하는 그런 고객이 아닐 수도 있다. 따라서 서비스 또한 변화된 시대환경과 여건에 따라 유연하고 탄력적으로 대응해 나가야 한다.

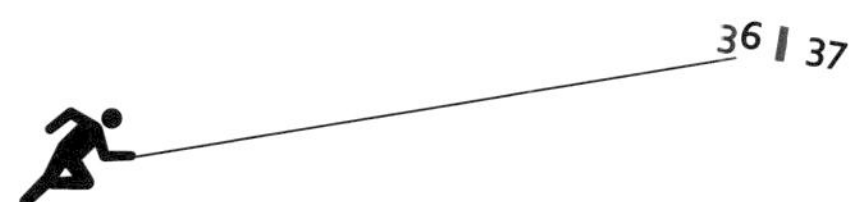

8

부자들은 돈이 없다

　부동산을 제외한 순수 금융자산만 10억 이상의 자산을 가진 부자는 우리나라에서 14만 명 정도이다. 대부분 비금융 자산 부자이다. 실제 최근 통계에서 부자들의 자산구성은 부동산이 58%로 가장 많고, 예술품이나 회원권 자산을 제외하면 금융자산은 30% 안팎이라고 한다. 그래서인지 총자산 100억 이상의 부자 중 표본조사하여 '자신이 부자라고 생각하는가?'라는 질문에 '그렇다'라고 한 사람은 거의 없었다고 한다. 심지어 자신들은 돈이 없으니 부자가 아니라고 했다.

　정말이다. 부자들은 돈이 없다. 좀 더 정확히 말하면 당장 가지고 있는 현금이 없다. 왜냐하면 어딘가에서 돈을 굴리고 있기 때문이다. 안방 금고에 돈을 쌓아놓은 부자는 아마 고희(古稀)가 훌쩍 넘은 옛날 부자일 것이다. 현대판 부자들은 액면 그대로 돈이 없다. 부동산, 주식, 펀드, 등 돈을 이리저리 굴려서 더 큰돈을 만들고 있다. 그래서 부자들은 계속 부자다.

또한 요즘 부자들은 드라마에서 나오는 것처럼 온몸에 명품을 두르고 외제차를 타고 다니며 돈을 물 쓰듯이 쓰고 다니지 않는다. 우리가 늘 생각해 왔던 부자의 생활과 모습은 편견이다. 그렇다면 요즘 부자들은 어떤 모습일까?

1. 요즘 부자들은 돈 있다고 자랑하지 않는다.

돈 있다고 자랑하며 펑펑 쓰고 다니는 것은 로또에 당첨됐거나, 사둔 땅에 갑자기 도로가 나면서 하루아침에 졸부가 된 경우이다. 참고로 이런 부자는 오래 못 간다.

초등학교 동창 모임에 간 적이 있다. 그런데 한쪽 구석에서 조용히 식사 하고, 평범하게 옷을 입고, 대중교통을 타고 모임에 와서 그저 듣기만 하는, 뭐하고 지내는지 모를 동창생 있었다. 알고 보니 이 평범한 친구가 수백억대의 재산가였다. 조금 모은 돈을 과시하고 좋은 차를 타고 와서 으시대던 친구들이 쑥스러워할 정도였다. 부자들은 양복을 잘 입지 않는다. 아이러니하게 양복은 부자들에게 고용된 사람들이 입고 있다.

2. 요즘 부자들은 서민보다 더 검소하며 절대 돈을 쉽게 쓰지 않는다.

있는 사람들이 더 무섭다는 말은 진짜다. 걸어갈 때 왕소금이 툭툭 떨어질 것처럼 부자들이 더 짜다. 수억이 걸린 사업 건을 결정하면서도 몇 천 원짜리 물건을 살 때 신중하게 고르고 깎아달라고 한다. 그러나 질리도록 인색하지만 써야할 때는 과감하게 지르는 게 또한 오늘날 부자의 모습이다. 특히 자녀들 교육에는 투자를 아끼지 않는다. 실제 한 달에 1000만 원 이상을 쓰는 부자들은 교육비로 평균 250만 원(사교육비 193만 원)을 지출한다고 한다.

3. 부를 얻고자 하지 않고, 부를 유지하고자 한다.

돈이 된다고 무조건 달려들지 않는다. 때를 기다린다. 과감하게 접을 줄도 알고, 기다려야 할 때 섣불리 나서지 않고 마지막 패를 기다린다. 주식을 시도 때도 없이 팔았다 샀다 하는 사람들은 모두 서민들이다. 그러나 폭락장을 바라보고 준비하다가 상승장에 민첩하게 투자해서 큰돈을 번 사람이 진정한 부자이다. 갑자가 많은 돈이 생겼다고 신나게 쓰는 사람은 잠시 부자일 뿐이다. 진짜 부자는 확실히 돈의 길을 볼 줄 알고 돈을 관리하는 사람이다.

우리는 모두 부자가 되고 싶어 한다. 《탈무드》에서는 부자가 되기 위해 부자 뒤에 줄을 서라고 했지만, 그전에 부자들의 생각을 이해해야 한다. 그들은 돈에 대한 특별한 원칙을 가지고 있다. 부자들은 돈이 없다고 말하면서 은근히 돈 굴리는 맛, 돈 모으는 맛에 살고 있다.

이런 부자들을 시기하고 또는 '나는 부자가 아니니 마음의 부자라도 되야지'라며 애써 자신을 위로하지 말자. '부자=돈'의 등식은 당연한 것이다. 그러나 돈을 쫓는 부자가 아닌 돈을 통제하고 다스리는 부자가 진정한 부자이다.

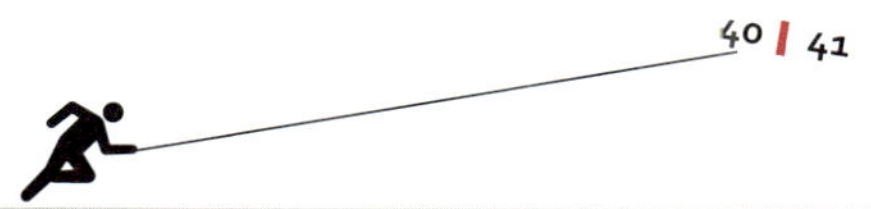

돌다리 두드려 보고 건너지 마라

빠른 의사결정을 요하는 스피드 시대에 단단한 돌다리를 계속 조심스럽게 두드릴 필요가 있을까? 돌다리는 적당히 두드려 보고 건너라. 돌다리이니 어느 정도 안정성이 보장되어 있는데, 멈춰 서서 계속 두드리기만 하면 어쩌자는 것인가. 두들기는 망치까지 두드리며 지나치게 신중하고 꼼꼼하게 일을 하면 애써 찾아온 기회를 놓쳐버릴 수 있다. 두드리고 두드리는 동안 타이밍을 놓치고, 확인하는 동안 다른 사람이 먼저 건너가 버리기 때문이다.

지나치게 신중하고 꼼꼼한 사람은 피곤하다. 필자가 아는 L회사 전략기획팀 이사가 그렇다. 뭔가 결정할 때 몇 번씩 검토하고 최종적으로 일을 수행할 때까지 수도 없이 수정을 거듭한다. 완벽하다는 생각이 들기 전까지는 절대로 의사결정을 하지 않는다. 그는 신규사업을 추진을 검토할 때도 필요성부터 시작해서 온갖 쓸데없는 변수를 다 고려하여 정확하게 산출도 못할 초기 예상 수익을 계산하느라 정신이 없다. 때문에 다른 경쟁사들이 이미 검증된 좋은 사업아이템으로 재미를 보고 성과를 내는 동안, 검토하면서 도입할 타이밍을 놓치고 말았다. 매번 그 대단한 신중함으로 말미암아 실패를 하게 된 것이다.

때때로 신중함은 필요하다. 그러나 신중할 때와 그렇지 않아도 될 때를 구분해야 한다. 여러 번 검증된 사항, 기정사실화된 정보, 뻔히 눈에 보이는 이익, 곧바로 대처가 필요한 응급사항 등에는 신중망치를 두드리면 안 된다.

또한 신중할 때는 신중하더라도 돌다리를 건널지 안 건널지의 의사결정은 빠를수록 좋다. 두드려 보지도 않고 일단 건너가서 시행착오를 겪는 것보다 더 어리석은 것은 너무나 많이 두드려 보고 조심하다가 실패하거나 성공의 기회마저 갖지 못하는 것이다. 일단 건너가 봐야 잘 건넌 것인지, 못 건넌 것인지 알 것 아닌가? '해볼까?'가 아니라 '해보자'라는 사고가 필요하다.

조직의 리더인 의사결정자는 이를 사훈으로라도 삼아야 한다. 어떤 조직은 돌다리를 두드리는 망치를 갖고 있는 사람이 너무 많아 의사결정이 더뎌 일을 그르친다. 그러니 실무자들이 어디 신나게 일을 할 수 있

겠는가?

우수한 조직일수록 의사결정에서 두 가지 중요한 특징을 갖는다.

1. 돌다리를 두드리는 망치의 개수가 적다.

결재도 단 몇 개의 망치로 수고를 던다. 업무담당자가 다수의 상사에게 계속 결재를 거치면서 일을 한다고 생각해 보라. 일을 하는 것보다 결재 받는 것이 더 짜증날 것이다.

국내 유명한 대기업 중의 하나인 C그룹은 직원들이 결재를 할 때 '3단계'만 거치는 것을 제도적으로 보장하고 있다고 한다. 기획안의 수많은 결재란을 고작 '담당자', '직속상사(팀장)', '최종 의사결정자' 이 3단계로 축소하여 의사결정 시간을 앞당기고 있다.

의사결정을 하기 위한 회의가 너무 자주, 비효율적으로 운영되자 파격적으로 개선한 연구소도 있다. 10/10/10 캠페인으로 한 달에 회의는 10번으로 제한하고, 자료는 10매 이내, 인원 또한 10명 이내로 제한하여 효율성을 높인 것이다.

2. 실무자가 가장 꼼꼼한 신중망치를 들고, 관리자나 대표는 단지 그 일을 확인하는 정도의 솜망치를 든다.

자고로 리더는 시시콜콜 신중망치를 들이대서는 안 된다. 적당히 아랫사람에게 권한을 위임해주고, 어느 정도는 협력업체나 관련 부문에서 알아서 하도록 하는 유연함을 잃지 말아야 한다.

세상에 완벽이라는 것은 없다. 장고(長考) 끝에 악수(惡手)가 나올 수도 있다. 사업 타당성 검토, 업무 평가, 연구실험, 재무회계 등을 적당히 하면 큰일 나지만 사소한 일이나 대충 넘어가도 괜찮은 일은 공연히 신중하지 않아도 된다. 이는 휴대폰 스팸문자를 하나하나 꼼꼼하게 확인하는 것과 같은 것이다. 돌다리 너무 두드리면 늦는다. 한두 번 두드리고 건너가도 다리는 무너지지 않는다.

2등이 더 값지고 아름답다

'1등만 기억하는 더러운 세상!'

우리는 언제나 1등을 꿈꾸고, 1등이 되어야 살아남는다고 외친다. 라이벌과의 경쟁을 전쟁에 비유하여 마치 2등은 바로 죽음이고 패배라며 냉혹한 평가를 내리고 있다. 올림픽에서도 금메달을 따면 은메달 10개를 딴 것보다 후한 대접을 한다. 1등을 하지 못하면 최고의 경쟁력을 갖추었다는 인정을 받지 못하며 '만년 2등'이라는 꼬리표까지 얻게 된다.

그러나 실제로 1등과 2등의 차이는 거의 없다. 대부분 2등까지는 기억한다. 금메달과 은메달은 단지 색깔 차이일 뿐이다. 1등과 2등은 언제든 순위가 뒤바뀔 수 있는 가변성을 가지고 있으며, 결과 또한 늘 엎치락뒤치락하기 때문이다. 따라서 1등은 승자, 2등은 패자라는 사고는 휴지통에 버려야 한다.

오히려 1등은 항상 불안하다. 1등은 선두자리를 유지하기 위해 안간힘을 써야 하고 그 자리를 언제고 빼앗길 수 있기 때문이다. 반면 2등은 1등을 보면서 '동기부여'를 할 수 있다. 또한 '후발 1등'을 과제와 목표 삼아 1등을 따라잡기 위해 노력을 게을리하지 않게 된다. 1등의 비전과 가능성을 지닌 2등의 가치는 크다. 2등이 있기에 1등은 긴장하고 독주체제에 적절한 위협을 느끼게 된다.

한번 살펴보자. 세상의 트렌드도 이제 빅2 또는 2강 구도다. 휴대폰 제조 1등과 2등 회사는 박빙의 승부사임을 사람들은 기억해 준다. 선거 또한 1등과 2등의 지지율 근차가 크지 않을수록 더 오랫동안 회자된다.

반면 3등 이하는 전혀 알아주지 않는다. 3등 이하는 1, 2등의 경쟁 구도에 감히 끼지도 못한다. 우리가 '양대 산맥'이라고는 해도 '3대 산맥'이라고 하지 않고, 프로야구에서드 1, 2군은 있어도 3군은 없으며, 학교도 3학군은 왠지 꺼려지고, 3등석은 괜히 볼품없고 초라해 보여 쓰지 않는 이유가 여기에 있다. 특히 기업이 업계에서 '넘버 3'라고 한다면 결코 잘나가는 기업이 아니며 고객의 외면까지 감수해야 한다.

따라서 1등을 하지 못할 바에는 2등을 하고 이를 유지하기 위해 총력을 기울여야 한다. 잠시 방심한 사이에 3등으로 떨어지면 2등으로 올라서기까지 몇 배의 힘이 든다. 차별화된 전략으로 하이클래스 그룹에 합

류해야 하는 것이다.

국내 D보험사는 스스로 2등임을 인정하고 그것을 역으로 홍보하여 고객들에게 좋은 인상을 심어 주었다. 1등 뒤에 가려져 있는 2등의 모습에서 새로운 가치를 끌어낸 것이다.

불안한 1등보다는 도전하는 2등이 아름답다. 1등에게 당당히 맞서는 2등, 꾸준한 노력과 선의의 경쟁을 통해 언젠가 1등을 제치고 자리를 차지할 수 있는 2등은 응원을 받는다. 정정당당히 겨룬 2등은 감동을 선사하기도 한다.

2003년 프랑스에서 열린 세계 사이클 선수대회에서 있었던 일이다. 이 대회의 최대 관심사는 정상에 있는 미국의 랜스 암스트롱을 2등인 독일의 얀 율리히가 꺾을 수 있느냐에 있었다. 강력한 우승후보인 랜스와 그의 대항마인 얀이 선두 다툼을 벌이는 숨 막히는 접전이 벌어졌다.

15구간을 지날 무렵, 사이클의 영웅답게 줄곧 선두를 달리고 랜스 암스트롱에게 갑자기 불상사가 벌어졌다. 도로에서 응원하던 어린아이가 주행로로 뛰어들어 그가 넘어진 것이다.

랜스는 1위를 얀에게 내줄 수밖에 없는 상황이었다. 드디어 얀 율리히는 자신을 2위에게만 머무르게 한 숙적을 물리치고, 1위에 올라설 수 있는 절호의 기회를 맞게 된 것이다. 그런데 뒤따르던 얀 율리히는 곧바로 레이스를 중단하고 랜스 암스트롱이 일어나 다시 달리기를 기다렸다.

경쟁자가 일어나 페달을 밟는 것을 보고 자신도 페달을 밟았던 것이다.

다시 시작된 경기에서 두 사람은 사력을 다했고, 결과는 랜스 암스트롱의 승리, 얀 율리히는 또 2등에 머물렀다. 그러나 세계의 모든 사람들은 얀 율리히의 스포츠 정신에 감동의 박수갈채를 보냈고, 그를 '진정한 승자'라고 말했다. 아름다운 2등은 아직까지 기억되고 있고, 영원히 기억될 것이다.

2등과 1등은 오십보백보(伍十步百步)이다. 수영을 할 수 있다면 수심 2m나 태평양 심해나 같다. 우리는 2등을 자랑스럽게 여겨야 한다. 2등은 패배자가 아니라 1등을 향한 아름다운 도전자이다. 2등은 '최고'는 아니지만 '최선'의 또 다른 이름이다. 아름다운 2등에게 축하와 격려의 기립박수를 보내자.

기다려라! 그러면 열릴 것이다

필자에게는 두 형님이 계시다. 두 사람의 성격은 매우 대조적이다. 큰형은 지긋이 오래 기다리지 못하는 성격이고, 작은형은 답답할 정도로 느긋하다. 주식투자에서 요즘 두 형의 희비가 엇갈리고 있다. 결과적으로 큰형은 울고 작은형은 웃고 있다. 십여 년 전에 함께 투자했지만 어떻게 된 일인지 큰형은 원금 손실을 보았고, 작은형은 제법 목돈으로 불린 것인데 희비의 원인은 바로 '기다림'의 차이였다.

지긋이 기다린다는 것은 참으로 무서운 것이다. 큰형이 오르락내리락하는 증시를 보며 바쁘게 대응할 때 작은형은 우량주를 사놓고 그저 십여 년 동안 기다린 것뿐인데 한쪽은 -49%(거의 반토막), 한쪽은 +780%가 되었다. 틈틈이 주식을 공부하며 이리저리 종목을 갈아탔던 큰형은 아무 노력도 하지 않고 몇 배의 이득을 챙긴 작은형을 보며 더 큰 억울함과 허탈함을 느낀다. 더욱이 '사놓고 잊어버리고 있었다'는 작은형의 말에 큰형은 망연자실했다.

한 증권회사가 낸 매우 인상적인 통계자료도 있다. 우리나라에서는 1996년도에 최초 '적립식 펀드 상품'이 나왔는데 당시 인기가 높았던 H증권사의 '○○코리아' 상품에 39만 명의 가입자가 몰렸다고 한다.

그런데 중요한 것은 16년이 지난 올해까지도 해당 상품이 존재한다는 것, 더 중요한 것은 그 많던 가입자는 다 도망가고 2012년 4월 기준 남아있는 가입자가 겨우 128명이라는 불과하다는 것, 더 더욱 중요한 것은 128명의 가입자들은 16년 동안 펀드를 들어놓고 그저 신경 쓰지 않고 기다렸을 뿐이라는 것.

그들이 지금 펀드를 해약한다면 수익률이 원금대비 몇 %일까? 무려 894%라고 한다. 참지 못하고 중도 해제를 했던 급한 다수의 가입자들은 돈을 벌지 못하고, 묵묵히 기다린 소수의 고객만 원금의 9배가 되는 큰돈을 벌 수 있었다.

이뿐만 아니다. 국내 굴지의 S기업은 80년대 후반 직원들에게 우리사주를 불과 10만 원이 되지 않는 금액에 스톡옵션으로 부여했는데, 이 회사의 주가는 현재 100만 원을 호가하고 있다. 100만 원대에 주식을 판 직원은 거의 없다고 한다. 비공식적으로 2명이 있다고 하는데 그들은 역

시 기다리다가 횡재를 한 것이라고 한다. 대다수의 직원은 주식이 2~3배 올랐을 때 '이게 웬 떡이냐'며 모두 팔아버린 것이다.

우리는 좀처럼 느긋이 기다리지 못한다. 상황에 민첩한 게 아니라 조급한 게 탈이다. '부동산이 안 좋을 것'이라는 소문에 벌써부터 매매를 망설이고, '경기가 어렵다'는 말이 피부에 와 닿기도 전에 투자나 지출이 꽁꽁 얼어붙고 있다. 무슨 사건이 터지면 이쪽으로 우르르, 무슨 소식이 들리면 저쪽으로 우르르. 마치 급하게 소몰이하는 식이다.

줄이 좀 길어지면 불평불만을 하고, 음식배달이 조금이라도 늦으면 항의전화를 건다. 열차나 비행기가 멈추기도 전에 내리려고 준비를 한다. 사실 조급하게 해서 잘된 것이 뭐가 있는가? 졸속 행정, 날림 공사, 날치기 정책밖에 더 나오겠는가?

참고 기다리자. 직업도 그렇다. 진득이 한 가지 일에 승부를 걸지 못하고 이리저리 옮겨다니는 '메뚜기 족'이 되어서는 안 된다. 옮겨다니는 것 자체가 경력에 도움이 되지 않을 뿐더러 달인으로 성공을 기대하기도 어렵기 때문이다.

지독하게 나쁜 상사를 만나더라도 좀 기다려 보라. 그 상사는 알아서 다른 곳으로 가고, 맘 좋은 상사가 내 곁으로 오게 된다. 하는 일이 힘이 실리지 않는다고 불평하지 말고 기다려 보라. 후에 가장 영향력 있는 자리가 될 수도 있다. 공무원이 최고의 직업이 될 줄 누가 알았겠는가?

조급함과 조바심은 불을 더 타오르게 만드는 기름과 같다. 반대로 기다림은 상황을 긍정적으로 만드는 촉매제가 될 수 있다.

일본 막부시대를 제패하려고 했던 세 영웅이 있었다. '울지 않는 두견새가 있다면?'이라는 질문에 오다 노부나가는 '울지 않는 새는 죽여버리겠다'고 했고, 도요토미 히데요시는 '수단과 방법을 가리지 않고 울게 만들겠다'고 했다고 한다. 그러나 도구가와 이에야스는 '울지 않는 두견새는 울 때까지 기다린다'고 했다고 한다. 결국 때를 기다린 도구가와 이에야스가 천하통일을 하게 된다.

지금 어렵더라도 좀 기다리자. 아직 빨간불은 아니다. 단지 주의하라는 노란불일 뿐이다. 기다리고 서있으면 언젠가는 반드시 파란불이 들어온다. 인디언들이 기우제를 지내면 비가 내린다고 한다. 비가 내릴 때까지 기우제를 지내기 때문이다.

기다린다는 것은 느긋하게, 그리고 느리게 산다는 것이다. 느리게 산다는 것은 남에게 뒤떨어지는 게 아니라, 조급함에서 벗어나 마음의 여유를 가질 수 있다는 뜻이다. 느림의 미학을 즐기고 기다림을 실천하자. 언젠가 기다린 보람을 느낄 수 있을 것이다.

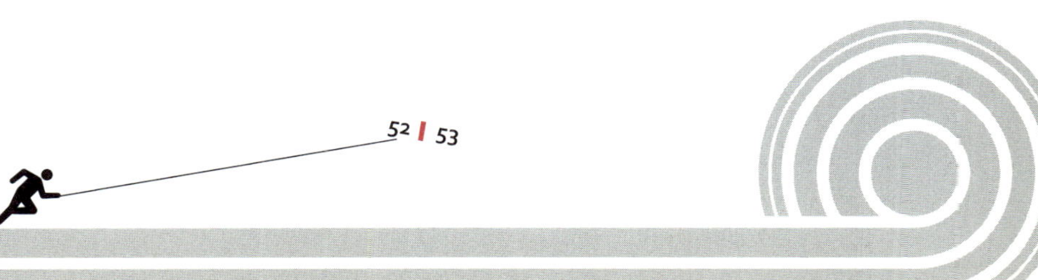

가급적 기대치를 낮추어라

올림픽 체조 금메달 유망주가 앞선 국제대회에서 신기록을 기록했다. 사람들은 열광했고 국내의 많은 팬들은 다가오는 올림픽에서 또다시 기록을 갱신할 것을 기대했다. 그에게 거는 높은 기대치는 당연한 것이었다. 그러나 부담감 때문일까? 그 선수는 올림픽에서 실수를 했다. 결국 대회에서 메달은 획득했지만 신기록은 갱신하지 못했다.

사람들은 메달은 획득했지만, 세계신기록을 수립하지 못한 것에 대한 아쉬움을 더 크게 이야기했다. 아마 메달조차 못 땄으면 엄청난 비난을 받았을지도 모를 일이다. 매 대회마다 기록을 갈아치워야 한다는 높은 관심과 기대 때문에 그 선수가 다음 대회에서 다시 한 번 최고의 역량 발휘를 할 수 있을지 조금 걱정이 앞선다. 너무 큰 기대는 결과가 나오지 않게 만드는 방해꾼이다.

기대치를 낮추어야 한다. 기대가 너무 높고 관심이 지나치면 그것을 받는 사람은 긴장감과 중압감 때문에 오히려 낮은 성과를 낼 수 있다. 몇 개월 전부터 올림픽 금메달리스트라고 언론의 집중 조명을 받았던 기대주가 정작 대회에서 메달권에서조차 멀어진 경우를 우리는 수없이 보아 왔고, 기대를 한 몸에 받고 큰 자리, 중요한 자리에 앉은 사람이 보잘 것 없는 초라한 업무성적표를 낸 사례는 더 이상 우리에게 낯설지 않다.

높은 기대치는 상대적으로 성과를 저하시킬 수 있으니 기대 대신 격려를 하고, 경우에 따라서는 어떤 결과가 나오든 초월할 수 있는 마인드를 가져야 한다.

높은 기대감을 가졌다가 원하는 결과가 좋지 않으면 허탈감과 실망감은 더 크다. 일 자체를 즐길 수 있을 때 좋은 성과가 나오는 것이다.

필자가 강의를 다니면서도 가장 두려운 것은 바로 수준 높은 학습자들이 거는 높은 기대치이다. 그 시선들은 '강의를 잘해야지. 못하면 안 되는데……' 하는 심리적 부담감을 유발하여 유연한 강의진행에 영향을 미친다. 그래서 필자는 강의 전에 항상 이야기한다.

'저에 대한 기대치를 낮추세요. 그리고 함께 즐깁시다!'

그래서 유쾌한 강의시간을 만들어 간다.

직장생활을 하면서 자신이 주위로부터 높은 기대감을 받고 있는 것

은 아닌지 살펴보자. 상사가 나에게 거는 기대, 고객이 요구하는 기대, 후배들이 바라는 모범행동 등이 나를 오히려 옭아매어 업무평가가 낮게 나올 수도 있다.

직장에서의 승진 예를 들어보자. 승진 기대주는 늘 있게 마련이다. 그런데 뚜껑을 열어봐야 아는 것처럼 승진 발표날 반전 드라마가 연출되기도 한다.

비단 이러한 현상만을 짚어보려는 것이 아니다. 한껏 승진의 꿈에 부풀어 기대했던 승진 기대주는 예기치 않은 승진 탈락에 좌절하고 이후의 회사생활이 흔들린다. 모든 것을 잃은 것처럼 망연자실하고 한동안 동력마저 잃는데, 이는 모두 초반의 높은 기대치로 인한 상실감이 반영되어서이다.

그 기대가 목표와 비전을 이루게 하는 원동력이라고 항변하는 사람이 있을지도 모르겠다. 그러나 이는 기대치를 낮추라는 것이지 기대 자체를 포기하라는 말은 아니다. 타인에 대한 과한 기대를 내려놓자. 아니면 그저 속으로만 기대하고 겉으로는 내색하지 마라. 스스로 최고의 성과를 냈을 때 기대한대로 되어 기쁘다고 칭찬해 주는 것이 더 큰 의미가 있다. 어쩌면 기대치와 성과는 반비례한다. 기대 밖의 결과를 냈을 때의 짜릿함을 생각해 보면 기대감 자체가 부질 없어진다.

도와주면 후회한다

KTX를 타려고 서울역에 들어서는 순간, 말쑥하게 차려입은 한 신사가 말을 건네 온다. 표정에는 꽤나 애절함이 묻어있다. 고향에 가려고 하는데 지갑을 통째로 잃어버려서 차표 살 돈이 없으니 3만 원만 빌려 달란다. 눈빛을 보니 동정유발을 불러일으키기에도 충분하다. 행여 경계심을 가질 세라 나중에 꼭 갚겠으니 계좌번호를 적어달라고 친절히 메모지와 펜까지 건네준다. 여기에 '연신 죄송하다'는 예의 바름까지 한 몫을 하고 있다. '멀쩡한 신사분이 어쩌다 이런 딱한 일이' 하며 이쯤 되면 도와주려는 마음이 일어나 어느덧 지갑으로 손이 향하게 된다. 그 신사는 돌아가면 꼭 송금해 주겠다며 몇 번이고 머리 숙여 감사를 하고 도움 준 사람은 한 순간 불쌍한 사람을 위해 좋은 일 했다는 뿌듯함까지 느

껴본다.

그러나 그 감정은 거기까지다. 몇 달이 지나도 송금되지 않고, 다시 서울역을 찾았을 때 얼굴은 다르지만 똑같은 수법(?)으로 다가오는 말쑥한 신사를 보면서 후회 반 분노 반의 감정을 주체할 수 없게 된다.

순수한 동기로 도움을 청하고 순수한 마음에서 도움을 주면 얼마나 좋을까마는 현실에서 '도움의 상호작용'이란 이렇듯 흉흉하다. 뿌듯했던 봉사활동이나 기부를 여지없이 짓밟아버리는 조작된 구원의 손길 앞에 우리는 언제나 '후회'라는 찌꺼기를 치워야 한다. 그 이후부터는 순수하게 도움을 주고자 하는 마음마저 단단히 빗장을 걸어 잠그게 된다. 인간의 가장 풋풋한 감정인 '인심'마저 얼룩지게 만드는 것이 오늘의 현실이다.

도움주고 후회하고, 도와주고 욕먹고, 돕고 나서 가슴 아프다면 이게 무슨 '아름다운 도움 실천'이란 말인가? 그럴 바에는 차라리 도와주지 말자. 그래야 도와주고 난 후, 잘못된 결과의 잔상으로 고생하지 않는다. 나만 잘 먹고 잘살자는 이기심이 아닌 범위 내에서 나중에 후회할 수 있는 도움은 철저하게 원천 봉쇄하자는 것이다.

- 친한 친구에게 돈을 빌려주고 빚보증까지 서줬지만 친구가 갚지 않고 있다.

- 아는 사람을 내가 하는 일에 끌어들였는데, 그가 더 큰 역량을 발휘하여 이익을 봐 공연히 질투가 난다.
- 어려운 단체나 기관에 기부를 한번 했는데, 계속 도와달라고 은근히 부담을 주어 짜증이 난다.
- 힘겹게 도와주었는데 도움받은 사람은 은혜를 잊고 배신으로 회답한다.
- 지나던 길에 싸움을 말리다가 괜히 말려들어 경찰서에까지 가서 곤욕을 치른다.

모두 도움이 가져온 부작용이다. 더 이상 도움주고 스트레스 받지 말고 돕지 말자. 도와줘서 잘되는 경우도 있지만, 잘못될 수 있음을 예상해야 한다. 그래도 누군가를 도와주는 것은 분명 좋은 일이기에 어쩔 수 없다면 도와주고 나서 잊어버리고 또는 후회하지 않을 만큼만 도와주도록 하자.

그러기 위해서는 도와줄 때 기대하지 않으면 된다. 돈을 빌려줄 때도 '이제 내게 없는 돈이다'라고 생각해야 하고, '이번에 이렇게 많이 도와줬는데 무슨 보상이 있겠지'라는 생각 자체를 버려야 한다. 돕는 것 자체에만 의미를 두고 결과에는 연연하지 않는 것이다. 한마디로 도움은 'Give & Take'가 아니라 'Give & forget'이 되어야 한다.

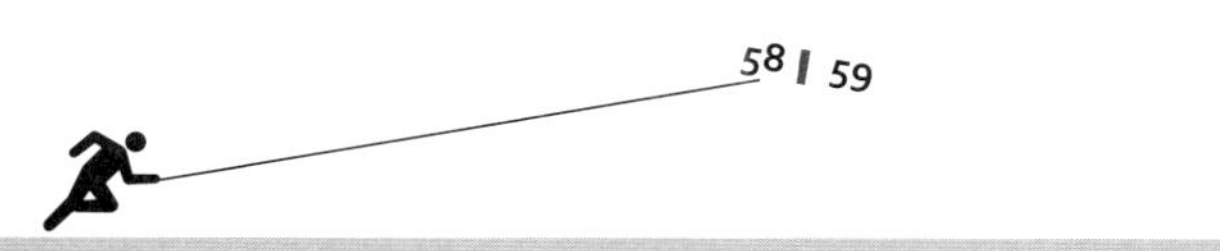

스마트폰의 족쇄에서 벗어나라

우리나라 스마트폰 사용자가 3000만 명을 넘어섰다. 아직까지 2G 휴대폰을 쓰면 원시인이라고 놀릴 정도니까. 그런데 이 스마트폰이 자물쇠만 없지 거의 족쇄나 다름없다. 사람들은 좀처럼 스마트폰에서 해방되지 못하고 있다. 주머니 속, 가방 속 아니면 손안에서 스마트폰은 항상 대기모드다. 스마트폰은 그림자나 분신처럼 사람들을 따라다닌다. 버스나 지하철을 타고 엘리베이터를 탈 때도, 누군가를 기다릴 때도 심지어 수업 또는 교육을 받고 잠시 화장실에 있을 때도 스마트폰을 외면하지 못한다.

사실 아무것도 안 하는 소위 멍 때리는 시간과 투명인간 취급받는 뻘쭘한 상황에서 스마트폰은 효자노릇을 톡톡히 하기도 한다. 그러나 우

리가 스마트폰을 시도 때도 없이 활용하면 할수록 이는 더욱 단단한 족
쇄가 되어 우리의 발목을 죌 수 있다. 스마트폰에 대한 의존도가 커짐에
따라 부작용 또한 만만치 않다.

실제로 한 결혼 정보회사의 조사에 의하면 스마트폰이 때때로 연애
의 걸림돌이 된다고 한다. 미혼남녀 294명 중 76%는 데이트 중에 폰으
로 채팅 등을 하며 딴짓하다가 티격태격한 적이 있다고 한다.

스마트폰을 통한 커뮤니케이션은 증가했지만 정작 소통다운 소통을
하지 못하는 것도 문제다. 가까운 사람과도 스마트폰으로 대충 인간관계
를 메우고 있으니 소중한 오프라인 만남의 기회는 점점 멀어지고 있다.

스마트폰 때문에 스마트 병도 생겨났다. 이른바 '스마트 노예증후군'
과 '스마트 치매'가 바로 그것이다.

'스마트 노예 증후군'은 아무 생각 없이 스마트폰에서 알려주는 대로
움직이는 것, 즉 폰에게 복종당하고 휘둘리는 것이다.

'스마트 치매'는 스마트폰이 없으면 아무것도 하지 못하는 병이다. 스
마트폰에 있는 전화번호 데이터가 날아가면 번호를 직접 외우지 않아
아무데도 전화할 수 없고, 스마트폰 내비게이션으로 길찾기 도중에 오류
가 나서 먹통이 되면 그 자리에 꼼짝없이 멈추게 되는 것이다.

요즘에는 품위있고 세련되게 문장을 쓰고 예쁜 필체를 갖고 있는 학
생이 드물다. 컴퓨터 게임 용어, 카카오톡, SNS 등 통신용어에 익숙하고

직접 쓰는 것보다 누르는 것에 길들여진 결과다.

나 자신 또한 스마트폰의 늪에 빠지지 않았는지 자문해 보도록 하자. 출근부터 퇴근할 때까지도 모자라 잠결에도 붙들어 매놓은 스마트폰에서 잠시라도 벗어나도록 해야 한다. 가끔은 스마트폰을 멀리하여 노예해 방을 부르짖고 치매로부터 자유로워져야 한다.

365일 스마트폰과 함께하면 심신 또한 지치고 허약해 질 수 있다는 사실을 알아야 한다. 단편적으로 전자파도 많이 받게 되지 않는가?

강원도 홍천에 가면 'H선마을'이라는 곳이 있다. 지친 일상에서 벗어나 자연과 벗하며 휴식과 요양하는 곳이다. 이곳이 가장 좋은 점은 입구에 들어서면서부터 스마트폰이 먹통이 된다는 것이다. 처음에 몇일 코스로 이곳에 와서 답답함과 고립감을 느꼈던 사람들조차 떠날 때는 긍정적인 평을 내린다.

스마트폰! 분명 문명의 이기이자 유용한 생활의 도구임에 틀림없지만, 기술 이전에 사람을 중시하는 관점에서 보았을 때 가끔 한두번 쯤은 홀대해 보는 것도 그리 나쁘지는 않을 것 같다. 스마트폰은 족쇄가 아니라 꼭 필요할 때 활용하는 열쇠가 되어야 한다.

그 일은 전문장이에게 맡겨라

　'쟁이'라는 말의 사전적 의미는 '그것이 나타내는 속성을 가진 사람'이라는 뜻이고, 여기에 전문적이고 기술적 의미가 포함되면 '그와 관련한 기술을 가진 사람'이라는 의미로 '장이'라는 말을 쓴다. '욕심쟁이'지만 '욕심장이'는 아니고, '미쟁이'가 아닌 '미장이'인 것이 그 예이다. 한마디로 '쟁이'보다는 '장이'가 더 고수인 셈이다.

　오랜 시간 어떤 분야를 연구하거나 그 일에 종사한 사람을 우리는 '장이'로 인정한다. 기업인도 그렇고 교수도 그렇고 군인도 정치인도 그렇다. '장이'는 '전문가'이다. 하지만 어느 날 갑자기 군인이 정치인이 되고, 선생님이 기업인이 된다면 이는 '장이'를 포기한 '쟁이'밖에 되지 않는다. 전문성을 인정받기 어려운 것이다.

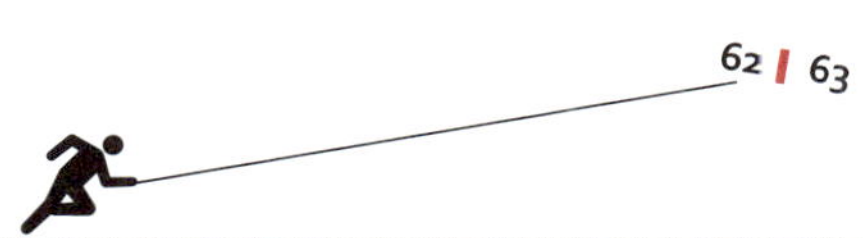

이렇듯 일생동안 장인정신을 바탕으로 살아온 '장이'의 인생이 대단한 것임에도 불구하고, 주변을 보면 한 분야에서 촉망받고 인정받는 '장이'들이 섣부른 기대감과 과욕을 부려서 스스로 '쟁이'로 전락하려는 사람들이 많다.

가장 우려되는 것은 그 분야의 비전문가가 요직에 앉아 영향력을 행사하는 경우이다. 오랫동안 법조 분야에서 입지를 다져온 법률전문가가 어느 날 갑자기 정치에 입문한다. 그리고 윗분에게 잘 보여 승승장구하고, 한 나라의 교육을 책임지는 교육부 수장이 되었다. 그는 몇 십년 동안 내로라하는 교육 전문가들의 건의와 반대를 뒤로하고, 교육개혁을 하겠다며 무리한 교육정책을 추진한다.

교육을 그 잘난 전공에 맞게 법으로 풀려고 했는지 입시제도법을 여기저기 뜯어고쳐서 수능 전형방식을 복잡하게 바꾼다. 가령 영어에 대한 평가를 자격증 제도로 전환했다가, 사교육 부담을 줄인다며 시험을 쉽게 냈다가 반발이 일어나니까 다시 여러 가지 유형을 나누고 검증되지 않는 변별력 수위 조절에만 시간을 허비한다.

결과는 시행착오의 연속, 계속 뒤바뀌는 교육정책에 일선학교는 혼란을 거듭하고 사설학원들만 난무한다. 학생들과 부모들 가슴에는 멍이 들고 각종 정책은 누더기가 되었다. 선무당이 사람 잡는다고 하더니 섣부른 '쟁이'가 '장이'를 휘둘러 망친 꼴이다.

강의는 오랜 기간 교단에 선 강사나 교수가 해야 하고, 기업경영은 현장에서 잔뼈가 굵은 직장인이 해야 하고, 정치는 그래도 정치 단수가 높은 사람들에게 맡겨야 한다. 사이비 '장이'들은 스스로 자신의 역량을 알고 대처해야 한다. 이런 '장이'로 위장한 '쟁이'들이 어설프게 행동하여 큰일을 치는 것이다.

멀쩡하게 촉망받는 연구원으로 재직하다가 혼탁한 정치일선에 뛰어들고, 앞길이 창창한 스포츠 스타가 얼굴마담밖에 되지 않는 연기에 목숨을 걸고 있다. 그들이 하고 싶은 일이라면 막을 수 없고, 대다수 사람들의 요구가 그렇다면 변신을 고려해야 함이 마땅하다.

그러나 능력도 없고 일정한 목표와 사명감이 없는 자기 변신에는 신중해야 한다. 송충이는 솔잎을 먹어야 하듯 결심은 신중해야 한다. 그래야 이제껏 장이다운 모습에 존경하고 추종해온 사람들을 실망시키지 않는다. 해당 분야의 장이만이 그 일을 잘할 수 있는 것이다. 리더라면 특히 그 일을 전문장이들에게 맡겨야 한다. 코드 인사, 회전문 인사, 보은 인사가 아니라 객관적인 잣대로 장이를 평가하고 적재적소에 그들을 배치시켜야 한다.

사람들의 진정한 '장이'를 인정하고 평가하는 인식의 잣대도 바꾸어야 한다. 기존의 '장이'들에게 아무리 염증을 느꼈다고 하더라도 그저 이미지 좋다고 검증 없이 중요한 시험대에 설익은 '쟁이'를 올려서는 안 될

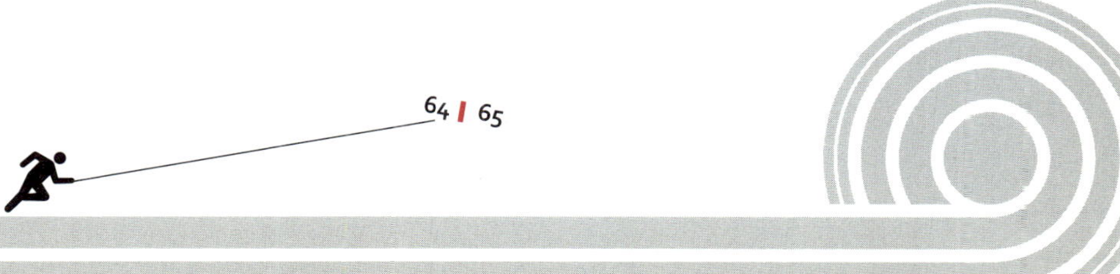

다. '쟁이' 재목감이 어느 순간 '장이'로 탈바꿈하기란 거의 불가능하기 때문이다. 그건 그저 우리들의 기대심리에 지나지 않는다. 지난 수년 동안 치러진 선거에서 우리는 이러한 어설픈 장이들을 실험만 하고 당하기만 하지 않았던가?

괜한 우쭐한 심리에 여태껏 쌓아놓은 '장이'의 명성을 포기하고 '쟁이'로 가려는 사람들은 조금 참아주고, 중요한 자리를 전문'장이'보다 친숙한 '쟁이'로 채우려는 사람들은 더욱 자제해주길 바란다. 그 일에는 장이만이 답이다.

소통에 대한 생각 바꾸기

명함이 인맥은 아니다

필자가 아는 모 대기업 부장은 홍보실에 근무하면서 다양한 사람들과의 미팅이 잦았다. 경제계와 법조계 거물들, 간간히 TV에 출연하는 유명인사 등 이름 석 자만 대면 아는 사람들의 명함을 그는 줄줄이 가지고 다녔고, 은근히 명함 속 인맥을 자랑하는 것을 낙으로 삼았다. 자신이 무슨 든든한 후원자라도 얻은 듯이.

그런데 그의 어머니가 돌아가셨을 데 먼 고향까지 내려와 문상한 사람들은 함께 일하는 직원들과 가깝게 지낸 주변 사람들뿐이었다. 자신의 자랑거리였던 그 많은 사람들 중 극소수만이 사람을 시켜 조의금을 전달하고 조화를 배달하는 게 전부였다. 그는 인맥이 아니라 단지 명함만 가진 것이었다.

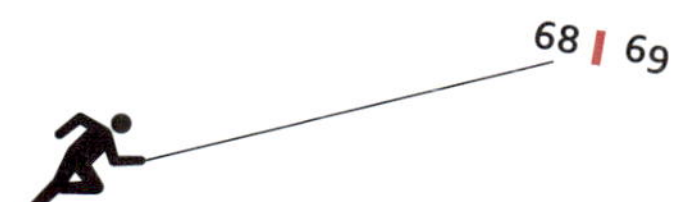

필자도 그랬다. 회사에서 인력개발 부문에서 일할 때 5년간 제법 많은 인맥을 형성했다고 자부했었다. 필자는 그들을 소중한 인맥으로 여겨 정성껏 일을 도와줬고 비즈니스에서 서로 윈윈관계를 유지했다. 필자가 프리랜서 강사로 독립하려 할 때 그들은 계속 돈독한 관계를 다지자며 거꾸로 도움을 약속하기도 해서 감동까지 받았다.

그러나 정작 필자가 회사를 그만두고 대기업 주 실무자에서 일개 프리랜서 강사로 변했을 때 그들도 함께 변했다. 도와주겠다던 많은 사람들 중 자기 일처럼 발 벗고 나서 주었던 사람들은 거의 없었다. 아마 대부분 필자의 명함을 버렸을 지도 모른다. 특히 가장 친하다고 생각했던 비즈니스 파트너들은 배신감을 안겨 주었다.

특별한 친분 없이 받은 명함은 연예인의 사인을 갖고 있는 것과 같다. 나는 그 연예인을 알지만 상대방은 나에 대해 전혀 모르는 경우처럼. 내가 그 사람을 알아도 상대가 나를 알지 못하는데 그게 무슨 인맥인가? 진정한 인맥은 명함을 갖고 있지 않다. 그런 인맥은 휴대폰에 저장되어 있거나 기억의 한 부분을 차지하고 있다. 명함에 적힌 번호로 전화를 해 보라. 과연 그들이 자신에게 아무런 영향력도, 이익도 줄 수 없는 당신을 반겨줄 것 같은가?

하루에도 수도 없이 형식적으로 명함을 주고받는 현실 속에서 받은 명함을 소중한 인맥으로 관리하는 사람은 극히 드물다. 받아서 고이 모

셔놓거나 휴대폰에 즉시 저장하는 경우도 찾기 힘들다. 나중에 명함을 보고 알아주기만 해도 다행이다. 이런 화려한 명함은 내 인맥에 하등의 도움이 되지 않는 것이다.

한편, 알짜배기 인맥은 의도적으로 관리하고 내세울 수 있는 명함 속 인물이 아니라 평범한 지인일 수 있다. 초창기 이름을 알리지 못한 프리랜서 강사로 고생할 때 필자를 도와준 사람들은 오히려 회사 다닐 때 필자의 관심영역 밖에 있던 사람이었다. 가깝게 지냈던 교육기관 관계자, 교수, 강사가 아닌 영세한 인쇄업자 담당자였다. 회사에 인쇄물 때문에 오가면서 가볍게 알고 지내던 사이였는데, 그가 필자에게 좋은 인상을 갖고 다른 회사에 교재를 납품하러 가서 소개해 주었던 것이다. 미안하고 고마웠다.

20/80의 파레토 법칙이 있다. '80%의 효과는 20%의 노력으로 얻어진다'는 의미인데 명함에서도 그렇다. 상위 20% 명함만이 진정한 인맥이고 80% 명함은 시쳇말로 허당 인맥이다.

내가 어느 조직에 몸담고 있을 때 받은 100장의 명함은 이직 시 그대로 따라오지 않는다고 한다. 그중 80%(80명)는 도망을 간단다. 단 20%(20명)의 명함만이 따라와서 그럭저럭 유지된다고 한다. 또 그중의 20%(4명)만이 핵심 인맥이 된다는 조사결과가 있다.

현재 보관하고 있는 명함들이 껍데기 인맥은 아닌지 자문해 보자. 명

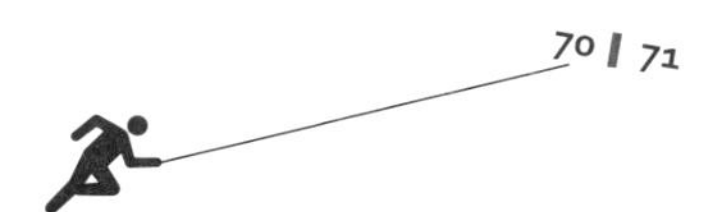

함이나 휴대폰에 입력된 전화번호 중에 정말 내가 힘들고 어려울 때 도와줄 사람이 몇 명이나 될까? 내가 어려울 때 언제 어느 때 연락할 수 있는 사람, 부탁하면서 실례가 아닐까 걱정이 앞서지 않고 경조사에 누구보다도 먼저 달려올 수 있는 그런 명함을 한두 개라도 간직하고 있다면 가히 성공한 인맥관리라고 할 수 있다. 누구를 잘 안다가 중요한게 아니라 어떻게 아느냐가 더 중요한 것이다.

적이 많으면 우군도 많다

전쟁터에서 적과 아군은 상대적이다. 적이 많으면 아군도 많아지게 된다. 인간관계에서도 적이 많으면 오히려 좋은 것이다. 유명한 사람들을 보라. 그들에게는 안티가 많지만 팬이 더 많다. 구설수에 오르내리는 것은 그만큼 유명하다는 증거고, 정치인 중에 온갖 스캔들이 난무하는 사람은 주목받는 정치인이다.

주변에 나를 시기하고 모함하고 부정적으로 대하는 적이 많다고 걱정하지 말자. 그럴수록 나를 좋아하고 감싸주고 긍정적으로 대해주는 사람들도 많은 법이다. 적이 없다면 오히려 별 볼일 없는 사람이다. 의사 결정을 할 때도 찬성표와 반대표가 대립할 때 추진할 맛이 난다. 몰표가 나와 일이 일사천리로 진행되면 견제가 되지 않아 후에 문제가 생길 소

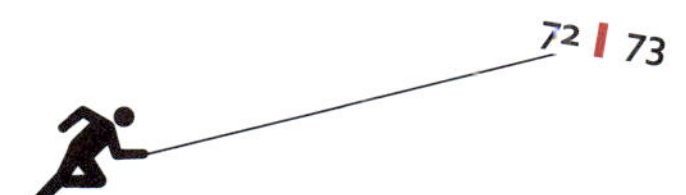

지가 더 많다.

　대통령 지지율은 50%를 넘기기가 쉽지 않다. 또 여야가 팽팽하게 대립각을 세우고 정치를 한다. 아무리 좋은 정부 정책도 찬성과 반대하는 사람들이 존재한다.

　도덕적 결함이나 큰 과오를 범해 적이 많아진 것이 아니라면 대부분의 적은 '좋은 라이벌'이 될 수 있다. 우리는 치열한 생존경쟁 속에서 살고 있기 때문에 내 의지와는 무관하게 적과 우군이 만들어진다. 적과 우군의 싸움은 필연적인 것이고, 나를 적으로 여기는 무리가 많으면 나를 지켜주는 무리도 많으니 신경 쓰지 말고 갈 길을 묵묵히 가자.

　컨설팅과 강의를 하는 필자에게도 보이지 않는 적이 많이 있을 것이다. 같은 분야에 종사하는 경쟁자일 수도 있고, 나와 코드가 맞지 않는 사람들일 수 있다. 보이지 않는 곳에서 뒷담화로 나를 끌어내리는 사람도 있을 것이다. 그러나 필자는 크게 개의치 않는다. 주변에는 아직까지 좋은 사람과 우군이 많고, 필자는 그들과 더불어 잘 살면 되는 것이다. 현재의 적은 단지 나와 다른 생각을 하는 사람들일 뿐이다.

　적을 지나치게 인식하여 적을 만들지 않으려는 행동은 거꾸로 적을 더 만들 수도 있다. 보는 관점에 따라서 '우유부단하다, 소신이 없다, 공연히 인기관리를 한다' 등의 평가를 받을 수 있기 때문이다.

　그리고 중요한 사실 한 가지! 오늘의 적이 내일의 적이 아닐 수도 있다는 사실을 알아야 한다. 정치판에서 뿐만 아니라, 현실에서도 그렇다. 어느 순간, 적군이 우군이 되기도 하고, 우군이 적군이 되기도 한다. '오월동주(嗚越同舟)'라는 말이 있다. 서로 미워하면서도 공통의 어려움이나 이해관계가 있는 부분에 대해서 서로 협력하는 것을 비유하는 고사성어다.

부자들을 한번 보자. 그들이 부자가 되는 과정을 지켜본 사람들은 시선이 곱지 않다. 내심 부러우면서도 '그 사람은 운이 좋은데, 왜 나는 이 모양이지?' 하며 배 아파한다. 그러나 부자 주변에는 '콩고물이라도 떨어질까? 돈이라도 좀 빌려볼까?' 주위에 사람들이 북적댄다. 본심을 숨기고 부자와 친해지기 위해 애쓴다. 사람들이 나를 좋지 않게 볼까봐 두려워하지 마라.

"이 일을 하면 저 사람이 반대하지 않을까?"

"몇 명이나 내 편을 들까?"

적을 의식하여 소신을 잠시 포장하지도 말고, 공연히 편을 갈라 적군과 우군을 구분하지도 말자. 그저 무소의 뿔처럼 똑바로 내 길을 가면 된다. 살다보면 적은 당연히 생기는 것이고, 그 적이 생기는 만큼에 더 비례하여 우군도 많아지는 법이다.

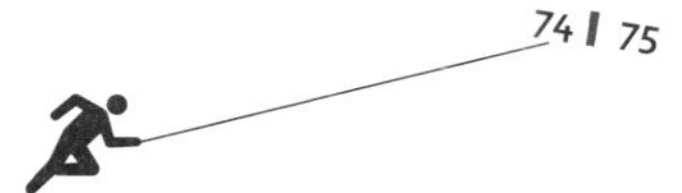

인생은 원래 불평등하다

'행복한 여자'라는 유머가 있다.

10대 - 공부도 잘하는 데 얼굴까지 예쁜 여자

20대 - 성형수술했는데 표시 안 나게 예쁜 여자

30대 - 실컷 놀았는데 시집도 잘 간 여자

40대 - 남편은 돈도 잘 벌고, 사랑도 듬뿍 받는 여자

50대 - 흥청망청 쓰는 데도 부자고, 자식들도 척척 잘되는 여자

60대 - 남편이 돈 많이 벌어다 놓고, 저 세상으로 먼저 간 여자

그렇다. 세상은 이렇게 불평등하다. 부자는 계속해서 부자고, 가난은

대물림된다. 희귀병, 불치병에 걸리고 재해를 당하는 사람은 모두 힘없고 불쌍한 사람이다. 잘생기고 예쁘기만 해도 괜찮은데 게다가 다른 것까지 잘한다. 자타가 공인하는 바람둥이가 결혼 잘해서 잘 먹고 잘살고, 능력 없는 망나니가 사장 아들이라는 이유 하나로 쾌속승진을 한다. 요직은 사장 친인척이 도맡고, 우리는 죽도록 일만 한다.

신분제가 없어진지 100년도 넘은 자유민주주시대지만, 사실 사회에는 보이지 않는 신분제가 존재한다. 직위와 직함 또는 영향력으로 제2의 신분을 만들어 개개인을 수십 단계로 나누어 차별시킨다. 나도 모르는 사이 신용카드 등급과 대출 한도가 조정되고, 특정 모임의 참석 자체가 제한되며, 이미 다져진 친분관계와 상황에 의해 직장에서는 승진 기회도 양보해야 한다.

이처럼 세상은 불평등하다. 그러나 이러한 불평등은 당연한 것이다. 상대적으로 불평등한 조건이 형성되어야 세상은 또 굴러가고 동기와 활력이 생긴다. 한번 생각해 보자. 어떻게 살든 누구나 똑같은 대접을 받는다면 누가 좋은 위치에 오르려고 기를 쓰고 고생하겠는가? 이를 악물고 꿈을 이루기 위해 청춘을 투자할 사람이 누가 있을까?

가령 월드컵 4강 주역들에게 병역면제를 주는 것은 면제받지 못하는 대다수의 선수들에게는 분명 불평등한 처사이다. 그렇다고 병역의무를 동등하게 적용한다면 앞으로 그들의 펄펄 나는 경기를 보지 못할 것이

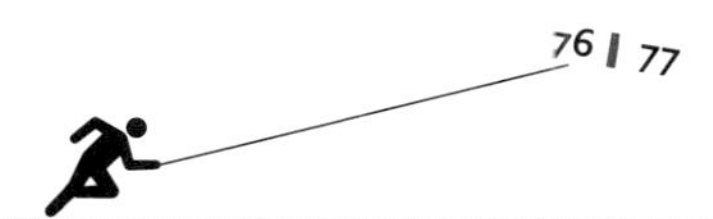

다. 이를 악물고 노력해서 외무고시에 합격하여 외교관이 되었는데, 해외 파견근무라는 달콤한 혜택을 누리지 못하고 국내에서 매일 보고서만 쓰게 한다면 누가 그 분야에 도전하겠는가? 영업성과를 많이 내거나 적게 내거나 똑같은 대우를 받는다고 가정해보라. 누가 다리품을 팔고 고객에게 만족을 주기 위해서 노력하겠는가?

모든 사람이 평등해야 함은 진리지만, 아이러니하게도 상대적으로 불평등해야 그 안에서 새로운 평등 개념과 질서를 바로잡을 수 있다. 노력 여하에 따라 차별되어지는 것은 결과물로서 인정해야 한다. 예를 들면 자격증시험은 누구나 공평하게 볼 수 있지만, 결과에 따라 차등당한다. 선의의 경쟁을 유발하여 우열을 가려야 사회시스템이 돌아가기 때문이다. 억울하면 불평등한 상황을 역이용해 성공하는 수밖에 없다.

그래도 다행히 이 사회가 기회조차 원천봉쇄할 만큼 불량하지는 않다. 불평등은 있지만 기회는 똑같이 주어지기 때문에 틈새를 노려 도전하고 노력하면 된다. 시작부터가 누구는 가난한 농부의 아들로, 누구는 재벌아들로 태어난다. 속이 상하더라도 화내지 말자. 뭐 어쩌겠는가? 어렵기는 해도 가난한 농부 아들도 부자가 될 가능성이 있지 않은가?

이보다 우리는 납득할 수 없는 평등에 더 분노해야 한다. 정의를 상실한 불평등이 문제이다. 우수한 성과를 낸 팀과 개인에게 보상해 주겠다고 하고는 부서별로 포상금을 돌아가며 나눠먹기 하거나, 연공서열로 혜택을 주는 곳이 있다면 비난받아야 마땅하다.

"인생이란 원래 불공평한 것이다. 이 사실에 익숙해져라."

빌 게이츠가 한 고등학교에서 강연 중에 한 말이다. 세상은 불평등하다고 인정할 때 역설적으로 담대하게 자기 인생과 방향을 찾게 된다. 불평등을 수용하자. 그리고 소중한 내가 함부로 차별당하지 않도록 더욱더 노력해 보자.

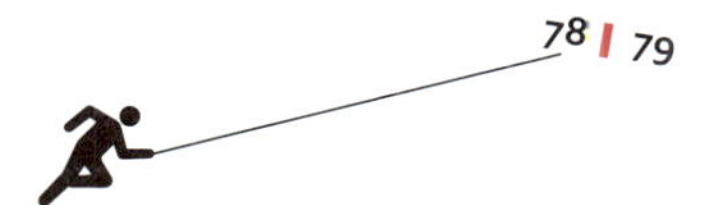

끝인상이 중요하다

사기꾼들의 첫인상은 좋다. 그 좋은 인상과 호의적인 모습에 속아 대부분 봉변을 당한다. 사기행각의 끝은 늘 비극이 되고 더불어 인간관계 또한 무너진다.

비단 범죄의 예가 아니더라도 모든 인간관계가 처음보다 끝이 좋아야 하는데 처음만 반짝인 경우가 너무 많다. 심리학에서는 '초두효과(初頭效果)'라는 이론이 있다. 첫인상이 나중에 들어오는 정보를 해석하는 중요한 기준이 된다는 것인데 이 또한 이론으로만 기억되어야 할 듯하다. 첫인상만 좋고 갈수록 실망이거나 심지어 끝인상이 허당이라면 어떻게 할 것인가? 처음 만났을 때 편안하고 호감있는 소위 '매너짱' 남성이 갈수록 '매너꽝'이라면, 처음에는 일을 잘하는 줄 알았는데 나중에 보니 무능력의 대표격이었다면?

첫인상만으로는 마지막까지 온건한 평가를 받기에는 부족함이 있다. 차라리 점차 신뢰를 쌓아가는 편이 훨씬 낫다. 처음에 좋다가 나중에 나빠지는 경우가 더 많기 때문이다.

호랑이 선생님의 첫인상은 그야말로 무섭다. 그러나 시간이 지나면서 자상한 면이 있음을 발견하면 아이들은 잘 따르게 된다. 그가 학교를 떠날 무렵에는 모두가 울먹이는 석별의 장이 되고 만다.

만약 반대로 선생님의 첫인상이 부드럽고 온화했다가 시간이 지나면서 호랑이 선생님으로 변했다면 학생들은 아쉬워하지 않았을 것이다. 그래서 첫인상보다는 끝인상이 중요하다. 물론 첫인상도 좋고 그 느낌이 끝까지 일관되면 가장 이상적이지만 그건 정말 이상과 같은 것이다.

대부분의 사람들이 아직까지도 첫인상으로 그 사람을 판단할 수 있다고 믿는다. 다양한 실험과 보고서의 영향 때문이다. 그래서 고객을 첫인상 15초만에 사로잡으라고 하고, 프레젠테이션도 처음 1분 안에 승부수를 띄우라고 하며, 면접을 볼 때도 처음에 인상을 각인시키지 못하면 낙방할 것이라며 한껏 겁을 준다.

하지만 처음에 약간 삐걱대다가 탄력을 받으면서 마무리를 잘하면 더 후한 점수를 받을 수 있다. 마라톤에서 막판 스퍼트를 내는 것처럼, 소설에서의 클라이맥스처럼, 연설가의 강열한 크로징 멘트처럼 말이다.

또한 사람들이 너도나도 첫인상 예찬을 하다 보니, 첫인상을 좋게 하려고 위선의 탈을 쓰고 첫인상을 조작하는 사례까지 등장하고 있다. 영업하는 사람들은 어떻게든 물건을 팔고 계약을 따내기 위해 처음에 온갖 선심을 쓰고 웃음을 판다. 정치인들은 어떻게든 당선이 되기 위해 선거 때마다 선심공약을 남발한다. 남자들은 어떻게든 처음에 여자의 마음을 사로잡으려고 갖은 호의를 베푼다.

그러나 한번 생각해보자. 보험계약을 한 영업사원이 만기일까지 신경을 잘 써주고 있는지, 정치인들의 공약이 당선후 180도 달라지지 않았는지, 연애시절 그렇게 잘해주던 사람이 정말 지금의 배우자인지.

우리는 첫인상의 허점을 받아들여야 한다. 그리고 끝인상을 좋게 만들려고 노력해야 한다. 처음 멘트보다 마무리 멘트를 잘하고, 일을 시작할 때보다 끝낼 때 잘하고, 만날 때보다 헤어질 때 더 잘해야 한다. 처음의 진한 향기보다는 마지막까지 우러나는 잔잔하고 은은한 향기가 진정 향기롭다.

자주 마주치지 않아야 정이 든다

군대 간 아들이 간만에 휴가를 나오면 어머니는 버선발로 뛰어나온다. 한 주를 기다렸다가 만나는 주말부부는 다른 부부보다 더 애틋하다. 그런데 매주 휴가를 나오고 매일 배우자의 얼굴을 보게 되면? 본질의 정은 없어지지 않겠지만 강도는 약해지지 않을까?

한결같은 정을 유지하려면 자주 마주치지 않고 어쩌다 마주쳐야 한다. 습관적인 만남은 신선함과 긴장감을 떨어뜨려 사랑을 금방 시들게 한다. 갓 시작한 연인들은 하루에도 몇 번씩 전화하고 틈만 나면 만나려고 한다. 거의 매일 붙어 있다시피 하기도 한다. 문제는 매일 붙어 있다 보니, 서로 속사정도 속속들이 알게 되고 데이트 코스는 반복된다. 친한 친구도 잘 알게 되며, 만나도 시간 때우기 바쁘고, 이야기 밑천도 바닥나게

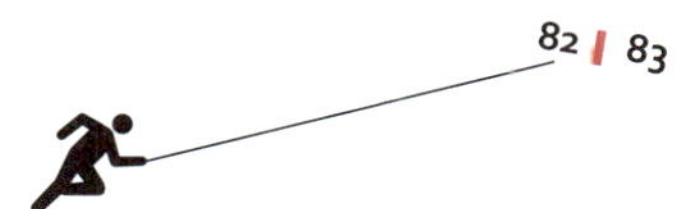

된다. 결혼하기도 전에 권태기를 맞을 수는 없지 않은가?

만날 때마다 새롭게 추구할 것이 있도록 자주 만나지 말자. 연애 고수에게는 횟수와 시간을 상대방이 아쉽도록 조절하는 특별한 능력이 있다고 한다.

다음을 기대하는 뭔가가 있어야 상대방을 내 사람으로 만들 수 있다. 가끔 전화하는 친구가 더욱 반갑고, 오랫동안 만나지 못한 사람으로부터 '갑자기 네 생각이 났어' 하는 문자메시지를 받으면 감동이 더 크다. 연락은 자주 하더라도 1~2주에 한번 만나는 것을 권장한다.

남녀가 처음에 서로 가까워지면 하루에 평균 7번 통화하고, 문자메시지나 메신저를 주고받는데 43분 이상 소비한다고 한다. 그러나 이러한 콩깍지는 4.5개월을 넘기기 어렵다고 한다.

변하는 게 문제다. 연애 초에 전화를 걸었을 때 '지금 어디야?' 하며 반가워한다. 그러다가 어느 순간에는 '내가 나중에 전화하면 안 될까?' 하다가 시간이 좀 더 지나면 '자기는 꼭 바쁠 때 전화하고 그래?'로 변한다. 막판에는 아예 받지도 않고 끊어버린다. 연애초 너무 잦은 만남과 연락 때문이 아닐까?

약속시간이 늦었을 때도 그렇다. 자주 만날수록 감정은 무뎌진다. 처음에는 '괜찮아, 나 하나도 안 지루했어' 하다가 시간이 지나면 '너 지금 웃음이 나오니?'로 변하고, 급기야 '나는 시간이 남아도는 줄 알어!'로 바뀌고 말기에는 아예 가버리고 없다.

　사랑할수록 적당한 거리를 두자 사랑을 유지하려면 절제력이 필요하다. 그래야 자꾸 더 보고 싶고 사랑하는 마음이 깊어진다. 사랑은 몸 곁에 두지 않고 마음 곁에 두는 것이다. 몸 곁에 두는 것은 자주 봐서 싫증이 나고 마음 곁에 두는 것은 멀리 떨어져 있어도 애틋하다. 진정한 사랑 또한 자주 마주 보는 것이 아니라, 두 사람이 같은 방향으로 가면서 어쩌다 한번씩 마주 보는 것이다.

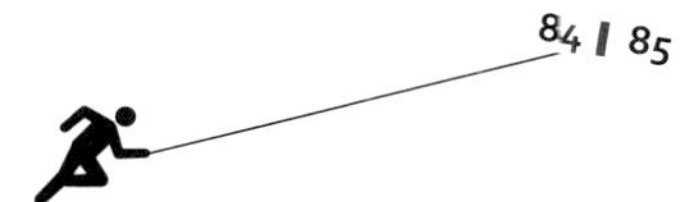

악플도 관심이다

'악플'이라는 녀석은 태생부터 고약하다. 악(惡)+리플(reple)의 합성어로 '악성 댓글', '분위기 해치는 덧글'라는 별명과 함께 악명을 떨치고 있다. 비겁하게 익명으로 화면에 긁어놓은 악플러들의 글을 보고 가슴앓이 했던 사람들이 많았으리라. 종종 연예인들이 자신의 블로그나 사이트에 올라온 악플에 상당히 민감한 반응을 보인다. 공인에게 악플은 가히 치명적이다. 심지어 우울증약 복용 중에 스트레스를 이기지 못해 자살한 연예인도 있지 않은가.

필자도 몇 권의 책을 내고 인터넷에 있는 악플 몇 개 때문에 잠을 이루지 못한 적이 있다. 그래서 악플을 인터넷상의 언어폭력이라 불렀었다. 하지만 지금은 더 이상 악플에 집착하지 않는다. 어느 누가 부정적이고 비판적인 평가를 좋아하겠냐마는 악플에 대한 악평은 멈추자.

악플을 긍정적으로 바라보자는 것이다. 악플도 관심이다. 즉 악플이 없다는 건 관심조차 없다는 의미다. 악플을 쓰려면 비방수위를 생각해야 하고, 노력과 시간도 필요하다. 관심이 없으면 그런 수고조차 하지 않을 것이다.

물건을 사러 간 어느 가게에서 점원의 불친절한 서비스를 경험했다고 하자. 이런 경우 컴플레인을 거는 고객은 거의 없다. 사실 그게 얼마나 귀찮은 일인가. 관심 있는 소수 고객만이 불만족스러운 서비스를 악플로 반응하는 하는 것이다. 다른 시각에서 보면 악플로 고통당하는 사람보다 악플러들이 더 스트레스이고 고통일 수 있다. 악플을 쓰기 전까지 화가 치밀었을 테고 흥분했으니 머리도 아팠을 것이다.

악플에 민감하게 반응하지 말자. 살아가면서 신경 써야 하는 일이 얼마나 많은데, 악플에 마음 상해하고 시간을 빼앗기는가? 고약한 악플일지라도 그저 관심이려니 생각하고 넘어가자. 고의적으로 악플을 단 네티즌을 명예훼손죄로 고발한다고? 그것도 신경 쓰이고 피곤한 일이다. 악플 달다 스스로 지치게 내버려 두자.

악플이 있으면 반드시 선플도 있다. 인터넷에 악플로만 도배가 되어있다면 자신을 스스로 돌아봐야 할 문제이지만, 대부분 악플은 선플과 채팅하듯이 온라인 게시판을 달구고 있다.

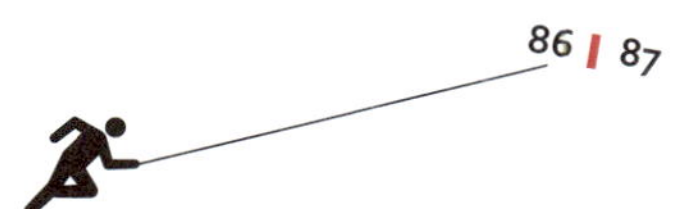

예를 들면 연예인 커플이 속도위반으로 혼전임신을 했다는 기사가 났을 때 대부분의 네티즌들은 이를 긍정적으로 받아들여 '행복하게 잘 살았으면 좋겠다'는 격려와 위로를 글을 올린다. 그러나 일부 네티즌들은 '속도위반은 고속도로에서나 해라', '모든 걸 빨리하니 결혼하다가 이혼하겠네' 등의 악플을 단다. 이런 악플은 선플로 묻어버려야 한다. 반항적인 표현으로 관심을 유발하는 것일 뿐, 악플 자체는 큰 의미가 없다고 보아야 한다.

요즘은 '선플달기 운동본부'도 생겼다. 이 단체는 악플은 상처요, 소리 없는 총이라며 선플달기를 권장하고 있다. 선플달기 캠페인을 펼치면서 '선플달기의 날'을 정하자고 주장하기도 하니 참 좋은 일을 하는 사람들이다.

설문조사 시에도 일반적인 결과에 전혀 근접하지 않는 데이터는 따로 분류하여 통계를 낼 때 반영하지 않는다고 한다. 다만 약이 되는 악플은 받아들여 발전을 모색하는데 밑거름으로 쓰면 된다. 악플을 통해 한층 더 성숙해지는 것이다. 가끔 눈살을 찌푸리게 할 악플이 달렸다면 이렇게 생각하며 훌훌 털어버리자.

'이렇게까지 관심 가져 주셔서 감사합니다!'

'관심이 식지 않도록 계속 올려주세요.'

'절대'라는 말 절대 하지 마라

"절대 ○○ 하면 안 돼!"

"절대 ○○ 먹지 마!"

"절대 ○○와 어울리지 마!"

'절대'라는 말 일상에서 참 많이 쓴다. 강력한 문구지만 부담스럽다. 강제성을 띠고 있고 마치 찍어 누르는 듯한 수직적 표현으로 친근감이 전혀 없다.

'절대 ○○ 해서는 안 된다'는 것을 '네버리즘(neverism)'이라고 하는데, 남발되어 사용되고 있다. 더구나 우리 일상에는 절대 지침이 너무 많아 숨이 막힐 지경이다.

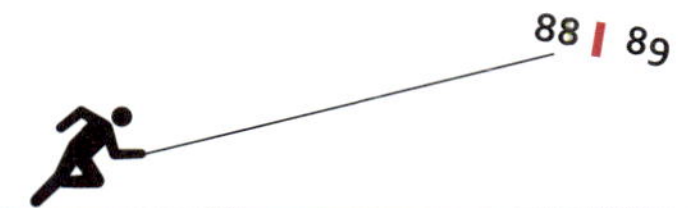

'절대 누구든 믿지 마라.'

'절대 비밀을 누설하지 마라.'

'절대 시간을 헛되이 보내지 마라.'

'절대 남들 앞에서 직원을 혼내지 마라.'

네버리즘을 역설적으로 표현하여 관심을 끌기도 한다.

'절대 영어공부하지 마라.'

'절대 승진하지 마라.'

'절대 아부하지 마라.'

'절대'라는 말은 인간관계도 삭막하게 만든다. '절대 친한 친구라도 돈거래 하지 마라'라는 말에서는 석연치 않음이, '절대 증거를 남기지 마라'라는 말에서는 뭔가 이면관계라는 개운하지 못한 느낌을 지울 수가 없다.

영국의 축구선수 데이비드 베컴도 이러한 것을 느꼈는지 인생의 좌우명을 '절대라는 말을 절대 하지 않는다'로 삼았다고 한다. 세상에 변하지 않는 것, 영원한 것은 아무것도 없다. 상황에 따라 환경에 따라 노력에 따라 생각하는 방식에 따라 바뀔 수 있다.

'절대'라는 강력한 수식어와 같은 도장을 찍는 행위는 가능한 한 보류하자. 단순한 금지조항을 단들어 의무가 아닌 권장사항으로 해야 직원들에게 동기부여를 할 수 있다. 국내 굴지의 L기업에서는 리더들이 회식할 때 금지해야 할 3가지를 강력하게 규정하였다.

1. 절대 회식장소를 마음대로 정하지 말 것
2. 절대 회식자리에서 일장 훈시하지 말 것
3. 절대 술잔을 돌리지 말 것

좋은 내용인데 무슨 포고문처럼 쓴다고 잘 지켜질까? 아마 역설적 표현으로 받아들여 더 하려고 할지 모른다. 반대로 어느 유망한 중견기업에서는 '금지 리더십'을 사내어 이렇게 공지했다.

1. 대기업처럼 운영하기
2. 독불장군 되기
3. 끈기와 치열함 상실
4. 여러 마리 한 번에 잡으려 하기

이것을 '절대 대기업처럼 운영하지 마라' 식으로 표현했다면 내심 반

발심이 들지 않았을까? '절대'라는 말을 오용하지 말라.

'절대'라는 말을 쓰는 권한은 오직 절대 강자나 절대 고수에게만 부여해 보는 게 어떨까.

잡은 고기에게 먹이를 더 주어라

'잡은 고기에는 미끼를 주지 않는다'고 하지만 그러다 잡은 고기가 죽어서 후회막급(後悔莫及)인 경우가 많다. 이미 내 휘하로 들어온 직원에게는 함부로 대하고, 이미 내 여자가 된 아내에게 선물 하나 사주지 않는 것은 하나만 알고 둘은 모르는 처세술이다. 내 부하 직원들에게 더 잘해야 조직에서 더 큰 연구 성과를 내고, 아내에게 더 신경을 쓰면 반찬 하나라도 늘어나기 마련이다.

우리는 잡은 고기를 잘 관리하여 활용할 생각을 하지 않고, 마냥 밖에서 좋은 고기만을 잡으려다가 잡은 고기마저 도망가 버리는 어리석음을 범하면서 산다. 지금 내가 갖고 있는 어항이 제일 좋고 그 속에서 가장 멋진 금붕어가 헤엄치고 있다는 사실을 깨달아야 한다. 내 어항속의

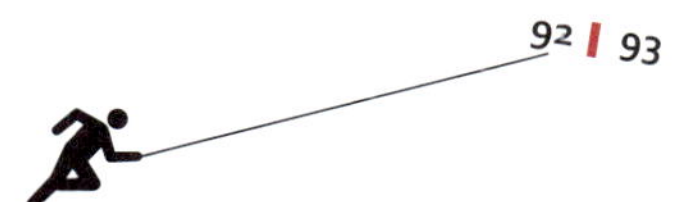

물고기에게 먼저 만족감을 준 다음 다른 어항을 돌보아야 한다. 주변을 더 잘 챙겨서 소홀함이 없도록 해야 하는 것이다.

내부공사가 엉망인데 외부공사만 잘 되었다고 멋진 집이라고 할 수 없는 것과 마찬가지다. 집안이 화목해야 밖에서 일이 잘될 수 있고, 내가 행복해야 다른 사람을 행복하게 해줄 수 있으며, 직원들의 만족도가 높아야 고객들에게 양질의 서비스를 할 수 있게 된다. 특히 외부 고객에게는 사소한 부분까지 배려를 아끼지 않으면서 정작 직원들에게는 인건비와 복리후생, 각종 혜택에 인색한 경영자가 있다면 반성해야 한다. 고객에게는 편안한 소파를 제공하고, 직원들은 '고객만족'이라는 명분하에 삐걱거리는 낡은 의자에 앉아서 근무하는 것을 감수하라고 하는 격이다. 이러한 상황에서 친절한 고객만족 서비스가 나오는 것이 더 신기하다.

지금 내 어항 속에 가장 소중한 금붕어가 살고 있다. 내 어항이니 마냥 방심하고 방치해두었다가는 한 순간 금붕어는 먹이 또는 산소가 없어 죽거나, 틈을 노린 누군가에게 빼앗겨 버린다. 가족이야 어떻든 직장에서 일만 죽어라 하는 사람들은 진정한 어항의 의미를 잃어버리고 있는 사람들이다. 그 성공이 무슨 의미가 있는가? 그 과정에서 가정이 깨진다면 성공은 아무런 의미가 없다.

미국의 유명한 사업가 프리드렉시. 그는 늘 일에 파묻혀 살고 회사 사람들에게는 끔찍이 잘했다. 상대적으로 가정은 전혀 돌보지 않았다. 가족에게 매번 "이번 프로젝트만 끝낼 때까지만 기다려. 그때 함께 어디 여행이라도 가자"라고 말했지만 그 약속은 수년 동안 한번도 지켜지지 못했다. 반면 회사 출장은 빠짐없이 갔다. 더구나 가족 생일은 지나쳐도 부하직원들 신상은 하나하나 꿰뚫고 생일 회식은 월례행사처럼 참석했다.

그 결과 그는 비교적 빠른 기간 내에 회사의 중역이 되었지만, 그 와중에 그의 아들은 암에 걸려 투병생활을 시작했고, 아내는 교통사고로 운명을 달리했다.

가족, 친구, 직장 동료 등 늘 마주하는 사람들이 내가 갖고 있는 어항 속의 금붕어이다. 이들을 더 배려하고 더 많은 관심을 쏟자. 잡은 고기에게 먹이를 충분히 줄 것을 당부한다. 내 안의 것을 먼저 사랑해야 다른 것도 사랑할 수 있다.

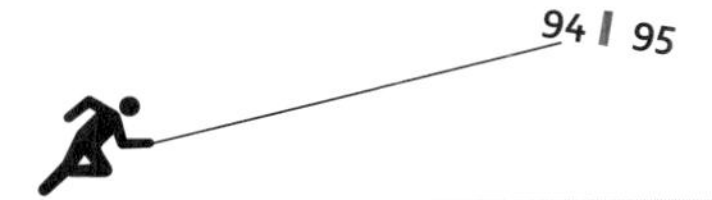

예쁜 여자를 경계하라

아는 후배 한 명이 웬만한 잡지 모델도 울고 갈 정도로 생얼까지 아름다운 여자와 결혼했다. 그는 늘 배우자를 자랑하고 다녔다. 그러나 그녀는 말 그대로 얼굴만 예쁜 여자였다. 쇼핑을 좋아하는 그녀의 씀씀이는 컸다. 게다가 가끔 표독스럽기까지 했다. 개방적이고 자유분방한 성향에 가정에 소홀하고 밖으로 돌아다니는 일도 잦았다. 후배는 그녀의 무분별한 소비에 카드빚을 달고 살아야 했고, 행여 그녀의 기분이 틀어질까봐 노심초사했다. 바쁘게 울려대는 그녀의 스마트폰을 보며 의처증까지 생겼다. 후배는 지금 심각하게 이혼을 고민 중이다.

솔직히 예쁜 여자를 싫어하는 남자가 있을까? 한 통계에서 남자들의 71%가 여자의 외모를 중시한다고 한다. 그러나 외모에만 집착하면 곤란하다. 그저 예쁘기만 한 여자들은 위험하기 때문이다. 구체적인 이유를 알아보자.

1. 예쁘기만 한 여자는 얼굴만 믿고 노력하지 않는다.

한때 하버드 대학 초장을 지낸 서머스의 주장에 의하면 예쁜 여자들은 사회적으로 나름의 특권을 소유했기 때문에 자기계발에 게을러 후천적 지능이 낮아진다는 주장을 논문에서 다루었다. 예쁘면 다 봐주는 세상이 그녀들을 얼굴 하나만 믿고 살 수 있게 만든다.

2. 한 사람에게 정착하지 못한다.

예쁜 여자는 인기가 많으므로 어느 한 남자가 차지할 가능성이 높지 않다. 학창시절 퀸카를 떠올려 보자. 요즘 '얼짱'처럼 그야말로 여왕처럼 대접받으며 남자들이 줄줄 따라다닌다. 퀸카에게는 소개팅 제의나 구애가 끊이지 않고 너나 할 것 없이 남자들이 그녀에게 작업을 하므로 일찍이 한 남자가 낙점되지 않는다.

3. 상대적으로 인간미가 떨어진다.

예쁘기만 하고 성격이 문제라면 큰일이다. 누구나 다 잘해주므로 받는데 익숙하여 이기적일 수 있으며 사람들에게 까칠하다는 평가를 받

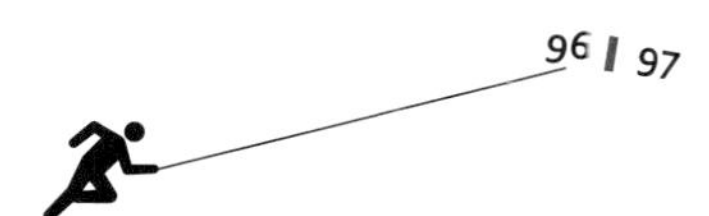

는다. 예쁜 장미에 돋아난 가시처럼 단점이 있는 것이다.

남자들은 각성해야 한다. 예쁘기만 하고 불건전한 여자를 만나면 신세 망치는 지름길이다. 바람기 있는 예쁘기만 한 아내를 맞이해서 맘고생이 심한 남편이 있는가 하면, 예쁜 여자에게 홀려 건전한 가정을 파탄나게 한 가장들도 적지 않다. 특히 꽃뱀에게 물려 거액을 사기당한 기사는 잊을만 하면 한번씩 뉴스에 등장한다. 예쁘기만 한 여자는 비주얼만 화려하고 내용이 부실한 졸작영화이다.

유명한 주술가는 배우자를 선택할 때 '다섯 손가락' 이론을 제시한다. 각 손가락이 길이와 기능에 맞게 상징하는 바가 있는데 매우 설득력이 있다. 다섯 손가락이 조화로워야 비로소 배우자로서의 자격요건을 갖추었다고 볼 수 있다.

엄지손가락 – '외모'를 의미한다. 엄지는 굵고 짧다. 그래서 외모는 오래 못 간다.

검지손가락 – '건강'을 의미한다. 검지가 없으면 글을 쓸 수 없는 것처럼 건강하지 않으면 아무 소용이 없다는 것을 뜻한다.

중지손가락 – '성격'을 의미한다. 가장 긴 가운데 손가락인 만큼 내면의 성격이 가장 오래가는 요소이다.

약지손가락 – '성장과정'을 의미한다. 약지가 없으면 미관상 흉하듯 선천적, 후천적인 이력이 영향을 미친다는 의미이다.

새끼손가락 – '현재 환경'을 의미한다. 지금 처한 일과 만나는 사람 등 한마디로 현재 노는 물을 눈여겨 보라는 것이다.

이 5가지 중 한 가지라도 없으면 장애가 되듯 배우자 선택 시 5가지를 모두 고려하고 한 가지라도 결핍되지 않도록 해야 한다고 당부한다.

세상에는 예쁘고 착하고 능력있는 여자도 많다. 하지만 단지 외모만 예쁜 여자들은 경계해야 한다. 예쁘기만 한 여자들을 홀대해야 그녀들도 각성한다. 얼굴만 보고 사랑하겠다는 생각 또한 버리도록 하자. 내면이 예뻐야 진정 예쁜 것이다. 미모에만 현혹되어 가진 것을 다 빼앗기고 나서 후회하지 말지어다.

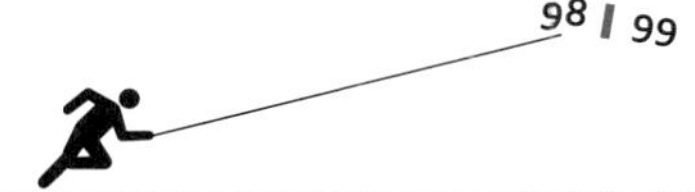

친한 사이일수록 비밀을 말하지 마라

"너한테만 말하는 비밀인데……."

"우리끼리만 하는 이야기인데……."

아무리 친한 친구라도 개인 1급 비밀은 발설하지 않는 것이 좋다. 내가 털어놓는다고 해서 상대가 자신의 비밀을 털어놓는 것은 아니다. 상대에게는 당신의 비밀보다 자신의 비밀이 더 소중하다는 인식이 깔려 있다.

친한 사이일수록 더 비밀을 지켜야 하는 이유가 있다. 혹시라도 관계가 소원해지거나 악화되면 그 비밀이 독화살이 되어 돌아올 수 있고, 영원히 비밀을 보장받을 수 없다. 설령 친분이 유지된다고 하더라도 어느 순간 비밀이 누설되면 의심하게 된다.

친할수록 정보를 소중히 다루어야 한다. 러시아에서 만든 세계적인 게임 '테트리스'는 친한 친구에게 단지 생일선물로 게임의 비밀을 누설하고 권리포기 각서를 써준 것이 정작 개발자 자신은 게임의 수익을 한푼도 받지 못하는 엄청난 결과를 가져왔다.

남녀관계에서는 특히 비밀보안에 신경써야 한다. 사랑에 눈이 멀어 회사의 기밀까지 털어놓다가 헤어지고 난후에 다른 회사로 기밀이 흘러들어가서 낭패를 본 사건도 많다.

이왕 비밀을 털어놓으려면 깜짝 이벤트 같은 것이 좋다. 월급을 쪼개고 쪼개 새차 할부값을 아등바등 갚는 중에 아내가 몰래 모아둔 적금통장을 꺼낸다면 남편은 감동이 메아리칠 것이다. 갑자기 아버지가 돌아가셔서 생계가 막막한 어머니에게 아들이 몰래 들어둔 생명보험증서를 내놓는다면 절망 속에 한줄기 희망의 빛이 되지 않을까? 친한 사람이나 사랑하는 사람에게 비밀을 털어 놓을 때는 이렇듯 깜짝 놀라게 하면서 결과가 좋은 것이어야 한다. 자신의 민감한 부분과 관련된 비밀, 발설되면 관계 자체가 뒤집어지는 비밀, 남에게 심각한 피해를 끼칠 수 있는 비밀은 타임캡슐에 꼭꼭 숨겨 살아 있는 동안은 잊고 살도록 하자.

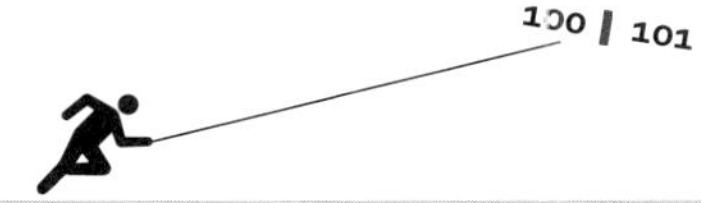

천사보다 여우가 사랑받는다

천사처럼 착한 여자보다 여우처럼 꾀 많은 여자가 남자들의 마음을 더 잘 사로잡는다. 교활한 여우가 아닌 상황을 민첩하게 간파하는 지혜롭고 센스있는 현대판 여우가 사랑받는 것이다. 천사표 여성은 다소곳하고 순정적이지만 남자들은 매력이 없다고 느낀다. 스릴과 모험이 없기 때문이다.

만난 지 오래됐지만, 거절 한번 안 하고 무조건 따르는 여자가 있다. 남자가 영화를 보자면 군말 없이 본 영화도 또 보고, 야구경기 규칙도 모르면서 야구장에 따라가고, 식당에서도 남자와 똑같은 메뉴를 주문한다면 남자는 진지하게 이별을 고려할 수 있다.

반면 남자에게 자신의 속마음을 다 드러내지도 않고 쉽게 허락하지도 그렇다고 거절하지도 않는다면? 남자들의 호기심을 자극하고, 가끔 YES보다는 NO로 튕기며, 어쩌다 만날 때 "얼마나 기다렸는지 알아?" 하며 애교를 떠는 여자에게 남자들은 애간장이 타들어 간다.

여우같은 여자는 고무줄처럼 남자들을 늘였다 줄였다 잘 다룬다. 남자를 위해 희생하지도 헌신하지도 않는다. 남자를 정확히 알고 있고, 헤어져도 구질구질하게 매달리지 않는다. 예쁘지도 않고 뛰어난 능력이 없어도 생기발랄하고 살갑게 다가서는 그녀들 앞에서 남자들은 무너진다.

여우같은 여자들은 무조건 남자에게 맞추지 않는다. 설령 남자가 짜증이나 투정을 부리더라도 흐트러지지 않고 차분하고 냉철하게 반응한다. 남자들의 질투심을 유발시키며 때론 무관심하게 굴기도 한다. 적절하게 치명적인 왕펀치를 날린다. '당신에게 부담 주기는 싫어'라는 여우같은 여자의 표현에 남자가 더 매달리고 안절부절못한다.

<u>철저히 여우가 되어야 한다. 상대방에게 단번에 다 주지 말고 줄듯 말듯 주지 않으면서 결정적인 선물은 끝까지 남겨놓아야 한다. 단번에 다 퍼주었다가는 남자들은 일종의 성취감을 느끼고 새로운 성취동기를 얻지 못하여 에너지가 식기 때문이다.</u> 세상은 착한 흥부, 희생을 당연히 여기는 콩쥐보다는 처세에 능한 놀부와 얄미운 팥쥐가 더 현명하다고 생각한다.

여우는 오늘날의 당당한 '커리어 우먼'의 상징이기도 하다. 일처리는

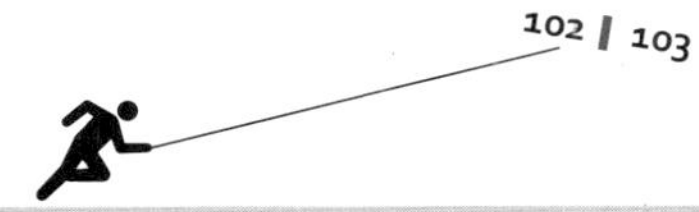

깔끔하고 거침없이 자신의 의사를 표현하는 사람, 남에게 피해를 끼치지 않는 범위 내에서 자신을 가장 소중히 여기는 사람, 이성을 컨트롤하면서도 사랑스러운 사람, 변화무쌍한 상황 속에서도 끼와 감각을 잃지 않는 사람이 여우표 커리어 우먼이다. 자기 자신을 먼저 사랑하는 사람, 시대에 걸맞은 지혜로운 여우가 되어 보자.

잘 싸우는 부부가 잉꼬부부다

하루에 한두 번이라도 다투지 않으면 오히려 어색한 결혼 5년차 부부가 있다. 친구들이 집에 놀러가도 어김없이 그들은 싸운다. 부인은 늘 잔소리를 하고 듣기 싫은 남편은 대꾸를 하며 언성을 높인다. 그러나 그 부부는 티격태격하며 잘 살아간다. 어쩌다 떨어져 있는 날이면 남편은 아내의 잔소리가 그리워지고 아내 또한 남편의 맞대응이 그리워진다나?

사소한 말다툼도 안하는 부부가 몇이나 될까? 어느 유명한 책처럼 남자는 화성에서 오고 여자는 금성에서 왔기 때문에 대립이 있을 수밖에 없다. 오죽하면 책을 만든다면 세상에서 가장 두꺼운 책은 '부인의 잔소리'요, 가장 얇은 책은 '남편의 대답'이라는 말이 나왔겠는가? 부부 간에 갈등이 없으면 죽은 부부나 다름없다. 싸움이 없다는 것은 관심이 없다

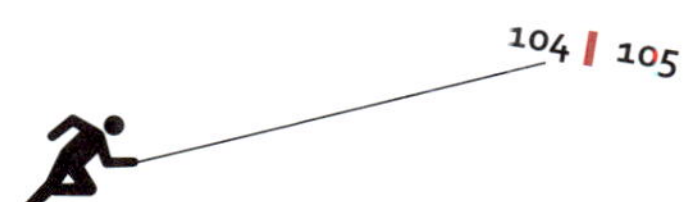

는 것이고 갈등이 없으면 의욕도 없고 관계도 밋밋해진다. 미운 정 고운 정 싸우면서 정드는 게 부부다. 물론 살림살이가 날아다니고 서로에게 치명적인 상처를 주는 싸움은 아니어야 한다.

적절한 수위의 싸움은 스트레스 해소가 된다. 오랫동안 별다른 갈등이나 문제 없는 부부가 조용히 살다가 어느 날 갑자기 이혼을 선언하기도 한다. 실제 이혼한 부부들의 실화를 재구성한 프로그램 부부클리닉을 보면 사소한 싸움이 이혼사유로 이어지는 사례는 거의 없다.

어떤 판사는 이혼신청을 한 부부에게 하루에 한번 부부싸움을 하고 그 결과를 보고서로 작성해 내라는 이색적인 판결을 내린 적이 있다. 아이러니하게도 그 부부는 이후 사이가 좋아졌다고 한다.

가볍게, 부담 없이 자주 스파링을 하도록 하자. 부부는 가장 뒤탈 없는 스파링 파트너이다. 그러나 서로에게 잽만 날리는 스파링이 되어야 한다. 강펀치 싸움은 상처를 줄 수 있으니 피해야 한다. 싸움의 도화선은 늘 작은 것이지만 도화선이 터져 다이너마이트에 도달하지 않도록 해야 하는 것이다.

비단 부부관계가 아니더라도 적절히 싸워야 사이가 좋아질 수 있다. 바람 잘날 없는 시어머니와 며느리가 진정 좋은 사이이며, 사사건건 지지 않고 선배에게 따지는 후배가 어려울 때 제일 먼저 달려온다. 트러블메이커인 직원이 나중에 중재자가 된다.

상대를 헐뜯고, 무시하고, 자존심을 건드리는 돌이킬 수 없는 감정싸움이 아닌 언제든 화해모드로 돌아갈 수 있는 싸움을 자주 하도록 하자. 싸우긴 하되 심각해지지 않을 싸움, 뒤끝이 개운한 싸움, 싸우고 나서 관계가 좋아지는 싸움을 하자. 말 못하는 잉꼬도 아마 싸우면서 돈독해지지 않았을까?

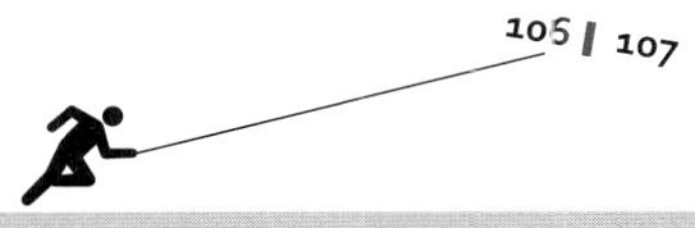

사랑의 힘으로는 사랑만 극복한다

고시생을 사랑한 한 여자가 있었다. 사랑이 깊어지면서 그녀는 비록 그가 언제 고시에 합격할지 모를지라도 사랑은 변치 않으리라는 생각에 결혼을 했고 자신이 직장을 다니며 남편 뒷바라지를 계속해 나갔다. 몇 년째 고시에 낙방하는 남편을 독려하며 사랑만 있으면 모든 것이 다 해결될 것이라고 자신을 위로했다.

그러나 남편의 낙방이 반복되자 그녀도 지치기 시작했다. 경제적 어려움도 무시 못했지만 설상가상으로 남편은 술로 하루하루를 보내기 시작했다. 그녀는 그래도 사랑으로 그를 대하며 아침에 정성스레 해장국까지 끓여 바치는 정성을 보였다. 그러나 남편의 삶은 더욱 만신창이가 되어갔다. 그녀는 '미안하다'는 말을 남기고 떠났다.

사랑뿐인 사랑은 파랑새와 같다. 세상을 바로 보지 못하는 사랑은 언젠가 파랑새를 찾아 날아간다. 사랑은 항상 현실의 방정식을 풀고 넘어가야 한다. 동화 같은 사랑은 현실에 없다. 세상에는 사랑만으로 해결이 안 되는 문제들이 너무나도 많다.

현실을 배제한 사랑은 소와 사자의 사랑이다. 소와 사자가 죽도록 사랑하여 결혼해 살게 되었다. 둘은 최선을 다하기로 약속하고 소는 최선을 다해 맛있는 풀을 날마다 사자에게 대접했다. 사자는 싫었지만 참았고, 사자도 최선을 다해 맛있는 살코기를 소에게 대접했다. 소도 괴로웠지만 사랑하기 때문에 참았다. 그러나 그 참을성에 한계가 왔다. 소와 사자는 끝내 헤어지고 만다.

사랑은 만병통치약이 아니다. 사랑을 미화시키면서 나 자신을 그 명분에 혹사시키지 않도록 하자. 아무리 사랑하더라도 현실에서 만난 모든 짐을 메고 갈 수 있는지 점검해야 한다.

명문대 의대를 졸업한 의사가 집안의 반대를 무릅쓰고 고등학교를 나온 병원에서 함께 일한 나이 어린 간호조무사와 결혼을 했다. 초기에 두 사람을 지켜준 버팀목은 바르 사랑이었다.

그러나 둘의 결혼생활이 길어지면서 하나둘 갈등이 불거졌다. 일단 의사 집안에서는 며느리가 탐탁지 않았다. 시어머니는 애초부터 내키지 않았던 결혼의 아쉬움을 고스란히 며느리에게 드러낸다. 부부동반 모임

에서 부인은 늘 소외되었다. 대화주제가 자신과 맞지 않았으며 학벌 좋은 사람들이 자신을 무시할 것 같은 괜한 자격지심에 일부러 자리를 피하기가 일쑤였다. 그럼에도 불구하고 두 사람은 사랑으로 결혼생활을 지탱해 나가려 했지만 주변과 환경이 그들을 힘들게 했다. 그들의 세대와 문화적 차이도 한몫을 더했다. 결국 그녀는 우울증에 빠졌고 남편 또한 회의감을 느끼고 있다.

사랑으로 극복하려고 하면 할수록 사랑 이외에 남는 것은 극복하기 어려워진다. 사랑을 하더라도 냉정하게 현실을 챙겨야 한다. 이상과 현실의 사이에서 사랑의 간극을 적절하게 조절해야 하는 것이다.

우리는 과거 '이주일과 심순애'의 영화를 보면서 가난한 유학생의 사랑을 동경하고 김중배의 물질적 사랑에 분개했다. 만약 지금 그 영화가 다시 상영된다면 히트 치지 못하리라. 사랑은 현실적으로 바뀌었고 사랑 이외의 변수를 배제할 수 없으니 어쩌면 당시 심순애가 김중배를 선택한 건 현명한 처사였을지도 모르겠다.

문제해결에 대한
생각 뒤집기

복잡한 문제일수록 단순하게 해결하라

강의를 주업으로 하는 필자는 기업 또는 기관으로부터 다양한 주제를 의뢰 받는다. 그런데 언젠가 전혀 다루어 보지 않았던 '고객만족 서비스 실습'이라는 강의를 의뢰 받고 고민에 빠진 적이 있었다. 주로 세련된 여성 강사들이 도맡아 하는 인사, 표정, 자세 등을 강의해 달라고 했으니 필자와는 좀 어울리지 않는 콘셉트인 듯해서였다.

그때 집에 놀러 온 초등학생 조카에게 무심코 이 이야기를 했더니 조카는 이렇게 말했다.

"삼촌, 어렵고 하기 힘든 강의는 하지 마!"

이 얼마나 명쾌한 처방인가? 아이들의 단순함 속에서 '단순한 문제해결'의 지혜를 배웠다. 얽히고 설킨 문제는 복잡하게 바라볼수록 해답을

찾기 어려우니 차라리 단순하게 접근해 보면 어떨까?

수십 년 전 우주의 무중력 상태에서 잘 쓸 수 있는 볼펜을 수십억 원을 들여서 개발한 미국항공우주국(NASA)은 러시아 우주인들이 연필을 사용하는 것을 보고 자신들의 무모한 투자와 복잡하게 생각한 것을 반성했다고 한다.

우리 주변에도 단순하고 쉬운 방법을 두고 어려운 방법을 찾는 경우가 많다. 어느 수영장에 갔더니 안내표지판에 이렇게 쓰여 있다.

'觸手嚴禁', '入水禁止'

참 어렵다. 초등학생이나 한자를 모르는 사람들은 도무지 무슨 말일지 모를 수 있다. 그냥 '손대지 마시오', '물에 들어가지 마시오'라고 쓰면 안 되나?

가뜩이나 머리 쓸 일이 많은 세상! 제발 복잡하게 살지 말자. 왜 판사들은 사전에도 나오지 않는 어려운 용어들이 가득 찬 판결문을 낭독하는 것이며, 공문서 서식에는 굳이 쓰지 않아도 될 곳에 한문이 남발되어 있는가?

비즈니스에서도 심플한 방식과 방법이 통용되어야 한다. 업무를 단순화하면 의사결정도 빠르고 일도 쉬워질 수 있는데, 수많은 처리과정과 복잡한 시스템으로 하여금 담당자를 지치게 만든다. 관리자들은 단순히 기본업무만 충실히 하기도 바쁜데, 해야 할 일을 자꾸 만들어 일의 효율성을 오히려 떨어뜨린다.

일본 도요타 자동차의 문제해결 방식은 복잡한 듯 하지만 매우 단순하다. '개선'을 키워드로 하는 도요타 생산방식을 의미하는 'TPS(Toyota Productivity System)'는 자동차 조립 과정에서 문제가 생기면 곧바로 라인을 스톱시키고 불량의 원인을 찾아낸다. 정교하고 섬세함 속에 녹아있는 단순한 문제해결 방식이 세계 최대 규모의 자동차 왕국을 건설한 것이다.

다른 의류업체에서 새로운 디자인을 고민할 때 유니클로의 창시자 야나이 다다시는 다품종 방식이 아닌 소품종 대량 생산 방식으로 시스템을 운영했다. 디자인이 다양하지 않은 약점을 극복하기 위해 동일한 디자인에 30가지 이상의 컬러를 적용하여 한 고객이 여러 벌을 사도록 유도, 복잡함 속에서 단순함을 추구했다.

쉽고 빠른 방법이 있는데도 일부러 어렵게 돌아가는 것처럼 어리석은 것은 없다. 재테크에 대해 백날 인터넷 뒤지고, 고만고만한 재테크 정보를 가진 지인들에게 물어도 답 안 나온다. 전문가가 쓴 책이나 전문가에게 직접 길을 물어라. 복잡한 프로그램 때문에 고객관리를 할 때마다 머리가 아프다면 나만의 고객관리 노트를 만들어 활용하라.

세계적으로 유명한 그래픽 디자이너 존마에다는 문제를 단순화시키는 4가지 방법을 제시했다.

첫째, 축소

생각의 범위를 축소시키는 것은 단순함을 추구하는 가장 손쉬운 방법이다. 가령 다이어트를 해야지 막연하게 생각하지 말고, 무슨 다이어트를 언제부터 어떻게 할 것인지 좁혀서 생각하면 쉽다.

둘째, 멀리 보내기

일을 무조건 맡지 말고, 일을 할 때 그 일을 꼭 해야 하는지 멀리 떨어뜨려 놓고 생각해 보라는 것이다. 다른 곳에 일을 맡겨도 지장이 없다면 그렇게 하면 된다.

셋째, 개방

감추지 말고 모든 부분을 개방함으로써 복잡함을 극복할 수 있다고 한다. 기술을 개방해야 더 나은 기술을 개발할 수 있다.

넷째, 힘 덜 쓰기

쓸데없는 에너지 소진은 정작 원하는 것을 얻지 못하게 한다. 일을 할 때도 불필요한 일에 매달리지 말라는 뜻이다.

복잡한 굴레에서 벗어나자. 디자인뿐만 아니라, 상품 개발, 신규사업

진행, 불만사항 처리 등 복잡한 문제일수록 쉽게 풀어 나가야 한다. 어떤 때는 그 일을 처리하지 않아도 되는지, 그 일을 다른 사람에게 맡겨도 되는지 등도 검토해 보자. 단순함은 명백하지 않은 것을 제거하고 의미 있는 것만을 더하는 작업이다.

고대의 한 장수는 모래를 단단하게 다져 쌓은 철옹성을 물대포 한방으로 무너뜨려 전쟁에서 승리했다. 모래성이기 때문에 물로 씻어내리면 된다고 단순하게 생각했기 때문이다. 고민되는 문제가 있다면 걱정일랑 접어두자. 어차피 해결할 문제라면 걱정할 필요가 없고, 아무리 해도 해결 못할 문제라면 걱정해도 소용없다.

직관을 믿지 마라

'이렇게 하면 왠지 대박 날 것 같은데?'

'오늘은 왠지 마음이 내키지 않네.'

우리는 이러한 직관력이 있어야 하고, 직관력이 삶에서 큰 도움이 된다고 세뇌당하며 살아왔다. 그러나 무턱대고 직관을 신봉하다가는 큰코다치기 쉽다.

합리성과 논리성이 배제된 직관으로는 시대의 흐름을 정확히 읽어낼 수 없다. 통렬한 직관력도 합당한 증거와 현실적인 합리성이 뒷받침되어야 한다.

간혹 성공한 대기업 총수들 가운데 직관이야말로 위기를 극복하게 하고 먼 미래 혹은 적어도 10년은 거뜬히 내다 볼 수 있는 안목이라며 이를 미화시키는 사람들이 있다. 하지만 그것은 오랜 경험 쌓은 통찰력을 바탕으로 기회를 늘 엿보고 있다가 운 좋게 맞아 떨어진 것이지 직관 자체가 그런 힘을 준 것이 아니다. 직관 자체가 성공비결이 될 수는 없다.

우리나라 30대 기업 중 한 때 정말 잘 나갔지만 지금은 역사 속으로 사라진 기업들이 꽤 있다. 경영에 대한 경험이 무르익기도 전에 직관만 믿고 과감하게 사업 규모를 넓히고 새로운 분야에 손을 대다가 참패의 아픔을 맛본 결과이다. 막무가내 직관이 판도를 바꾸고 기업을 몰락시킨다.

샐러리맨 신화를 구축한 'W'그룹 Y회장 또한 낙관적인 직관만 믿고 대형 부실 건설회사를 인수한 결과, 그룹 자체가 흔들리게 되는 위기에 봉착하게 되었다.

세계적인 기업 코닥의 경우도 그렇다. 수십 년 동안 카메라 부분의 최강자로 군림했지만 기술에 대한 자만과 디지털 카메라 시장이 그렇게 빨리 오지 않은 것이라는 으만이 기업을 몰락하게 했다. 폴라로이드의 최고경영자였던 개리 디카밀로는 한 강연에서 이렇게 말했다.

"우리는 펜벨트를 바꾸어 한다는 것을 알았다. 그러나 펜벨트를 바꾸기 위해 감히 엔진을 멈출 생각은 못했다."

당시만 해도 즉석필름이라는 엔진은 가장 돈을 많이 벌어 주었던 캐

시카우(cash cow)였기에 이 시장은 막연히 계속될 것이라는 직관의 굴레에서 벗어나지 못했던 결과였다.

직관이 살아가는 데 영향력 있는 변수로 작용하는 것은 사실이지만 우리는 좀 더 직관에 둔감하고 인색해질 필요가 있다. 직관만으로 만사를 해결하기에 세상은 그리 녹록치 않다.

직관은 감성이다. 때문에 감성적 직관은 이성적 판단과 만나야 한다. 이 두 가지가 적절히 조화되면 대단한 성과를 낼 수 있다. 반대로 두 가지를 융합하지 못하면 실패한다.

디즈니랜드가 유럽에서 실패한 이유는 바로 미국과 일본에서 이어진 성공 때문이다. 그들은 직관이라는 감성적 밑그림에 논리적 분석이라는 이성적 그림을 그리지 못했다.

유럽에서도 미국, 일본 디즈니랜드처럼 숙박시설을 과다하게 건설했는데 가장 큰 폐인이 되었다. 프랑스 등 유럽인들은 몇일 씩 숙박하지 않는다.

게다가 간단한 패스트 푸드점을 활성화시키려 했던 것도 역시 유럽인들은 포멀한 식당과 느긋한 식사문화를 가지고 있다는 것을 간과해 빛을 보지 못했다. 또한 식당에서 일체 주류취급을 하지 않은 점은 점심식사 중에 포도주를 즐겨 먹는 유럽인들의 취향을 고려하지 않은 것이었다. 결국 직관만을 고집한 나머지 '유로 디즈니랜드'는 초기에 막대한 손해를 감수해야만 했다.

이에 반해 주식투자를 잘하는 사람은 이 두 가지를 적절하기 활용한다. 직관을 기본으로 오르고 내릴 종목을 판단하고, 철저한 기업정보와 논리적 차트 분석으로 이에 대한 백업을 해서 수익을 낸다.

역술가나 주술가 등은 직관으로 상대방에게 조언도 하고 암시도 한다. 이들의 말은 살아가는데 간지 참고 정도로만 받아들여야 한다. 이를 맹신하다가는 실망스러운 결과를 낳을 수 있다. 역술가의 말에 현혹되어 거금을 들여 굿을 하거나 수택만 원짜리 부적을 쓰는 행위 등은 옳지 않다.

직관은 그때 그 상황에서 단지 직접적으로 느끼는 감정일 뿐이다. 느낌, 짐작, 추측, 선입견 등과 친척관계이다. 이들과는 좀 먼 친척이 되었으면 한다. 가끔은 직관에 반항을 해보자.

대충대충 문제를 해결하라

어느 자동차 판매왕에게 영업비결이 뭐냐고 물어봤더니 이외의 대답이 나왔다. 무슨 일이든 대충한다는 것, 고객에게 신차에 대해 설명하고 사람들을 편하게 만나러 다니고, 가끔 사우나에서 시간을 때우기도 한단다.

그러나 그는 대충하다가도 정작 차를 살 것 같은 사람 앞에서는 눈빛이 달라진다. 대충 속에 필살기를 갖고 있다. 만약 그가 모든 사람들에게 자세하고 친절하게 설명하고 하나하나 철저히 계획을 세워 움직였다면 그는 판매왕 자리에 오르지 못했을 것이다.

우리는 '대충대충'이라는 말을 상당히 폄하하고 있다. 모든 것을 하나하나 꼼꼼히 따지면 에너지가 너무 많이 소모된다. 우리는 철인이 아니다. 게다가 대충하는 것을 못 참는 성격이라면 완벽을 추구한다는 것인데, 완벽은 허상일 수 있다. 완벽하다는 것은 최종 목표일뿐 실체가 아니기 때문이다. 더구나 내가 만족할 수 있는 완벽함을 추구한다면 에너지를 더욱 많이 투입해야 한다. 한마디로 이건 사람 죽이는 것이다. 어차피 완벽하게 못할 바에야 대충해서 몸이라도 잘 건사해야 한다.

소소한 것까지 다 챙기려다간 하루가 48시간이라도 모자랄 것이다. 약속 없이 안부 확인 차 방문한 고객은 대충 이야기한 뒤 돌려보내야 하고, 시시콜콜 중요하지도 않은 사항을 묻는 상사에게는 감정이 상하지 않게 대충 대답해야 한다.

대충 넘어가도 될 것을 일일이 다 챙기다가는 시간 낭비에 인심까지 잃는다. 실무자가 밤새도록 다듬은 보고서를 다시 한 글자 한 글자 읽으면서 오탈자를 찾아보라. 부하직원은 뒷골목에서 상사를 기다리고 싶을 것이다.

행사 안내원이 수많은 관객들의 입장권을 한장 한장 꼼꼼히 확인하며 입장시켜 보라. 관객들은 화가 치밀 것이고 제시간에 자리에 앉지도 못할 것이다.

여기에서 일을 대충 처리한다는 것은 부담 없이 여유 있게 한다는 의미다. 대충대충하는 것을 즐기다 보면 스트레스를 줄일 수 있고 생활에도 활력이 붙는다. 특히 조직의 리더들은 핵심은 가지고 있되 대충하는

것을 즐겨야 한다. 이른바 똑똑하고 게으른 '똑게'가 되어야 한다. 꼼꼼함은 실무자의 역할이니 리더는 큰 그림을 그리고 멀리 봐야 한다. 헬리콥터 높이로 조직을 바라보라는 말이 있다. 옥상 높이는 너무 가깝고 비행기 높이는 너무 멀기 때문에 너무 높이도 낮지도 않은 헬리콥터의 높이가 리더의 위치다.

모든 일을 다 대충하라는 것이 아니다. 선택과 집중이 필요하다. 대충할 때 비축해둔 에너지를 중요한 일을 할 때 써야한다. 책을 대충 읽더라도 인상적인 구절은 놓치지 않아야 하듯, 결정적인 카운터펀치를 숨겨두고 있는 선수처럼!

광우병 파동이 나면 쇠고기를 사먹어라

　미국에서 광우병 소가 발견되었다는 뉴스가 보도되면 나라가 들썩거린다. 당장 미국 쇠고기 수입에 대한 이야기가 뜨거워진다. 광우병 파동 전만 해도 문전성시를 이루었던 갈비집이 한산해지고 쇠고기 관련 유통업체는 장사가 되지 않는다며 연일 울상이다. 햄버거를 판매하는 모 패스트푸드점은 햄버거 안에 들어가는 쇠고기 때문에 고객들의 발길이 뜸해지고 있다. 아니 왜 이렇게 호들갑이고 난리인가?

　오히려 이때 쇠고기를 먹으러 가야 하는데 말이다. 그러면 줄서서 먹을 필요도 없고 서비스도 더 잘 받을 수 있다. 게다가 쇠고기는 미국산도 아니고 설령 그렇다 하더라도 광우병 파동이 일어나기 전의 늘 먹던 것과 똑같다.

파동이 우리 사회에 역기능만 있는 것이 아니다. 몇 년 전 중국산 쓰레기 만두 파동이 언론에 보도되었다. 역시 만두업계는 휘청한다. 그러나 생각해 보자. 쓰레기 만두 사건이 터졌는데도 불구하고 다음날 버젓이 쓰레기 만두를 만들어 파는 간 큰(?)업자가 있겠는가? 오히려 전보다 더 위생과 유통에 신경을 쓴다.

언론에 보도가 되니까 마치 지금 우리가 그 일을 당한 것처럼 체감해 거부감이 드는 것이다. 아무것도 몰랐다면 어제처럼 우리는 갈비집을 찾고 만두를 즐겨 먹지 않았을까?

항상 파동이 일어나면 애꿎은 선량한 사람들만 피해를 보는 것 같아 안타깝다. 일부 횟감에 방부제를 넣은 악덕업자 때문에 전국의 양심 횟집 주인의 이마에 주름이 진다. AI(조류독감 인플레인자)가 퍼지면서 삼계탕집과 치킨집이 된서리를 맞고, 김치에 빨간 물감을 넣은 부도덕 김치공장 사장만이 아닌 생계형 김치 자영업자까지 뭇매를 맞는다. 양심적인 자영업자들까지 도매급으로 매도되어 피해를 보는 것이다. 그럴수록 그 사람들을 격려해주고 도와주어야 한다.

쇠고기 파동이 났을 때 여유 있게 쇠고기를 먹고, 조류독감 파동이 났을 때 치킨도 배달시켜 먹고, 만두 파동이 났을 때 인심이 후덕한 아주머니네 만두집을 찾아가보자. 싸고 맛있게 그리고 더 편하게 즐길 수 있다.

'청개구리'처럼 할 때 득을 볼 때가 많다. 남들이 절약할 때 투자해 보고, 매수할 때 매도해 보고, 무관심할 때 관심을 가져 보는 것이다.

뉴스나 보도에서 막히지 않는 길을 알려주면 가지 말아야 한다. 왜냐하면 이미 사람들은 정보를 접하고 그 길로 다 향했으니까. 전문가가 이야기하는 주식 추천종목이나 상품 등은 투자 시 다시 한 번 검토해 보아야 한다. 이미 주식은 오를 만큼 오른 상태이고, 호황인 주식은 가격이 부담되기 때문이다. 어떤 스포츠가 유행한다면 한풀 꺾인 후에 접하는 것이 더 여유가 있다. 지금과 같이 복잡한 세상에는 남들 흐름갑에 거꾸로 대응해보는 지혜를 발휘하는 것도 좋을 듯하다.

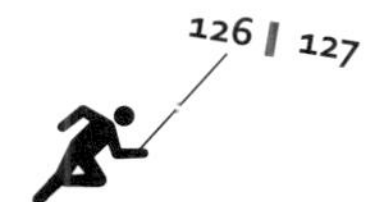

솔직하면 당한다

강원도에 연수 차 내려갔다가 밤에 주차장에서 후진을 하다가 뒤차 범퍼를 살짝 스친 일이 있었다. 자세히 봐도 표시가 잘 나지 않는 경미한 접촉 사고였다. 순간 한밤중이고, 목격자도 없고, CC카메라도 없는 곳이어서 그냥 갈까 하는 생각이 스쳤다. 그러나 다소 양심에 찔려 차 유리에 죄송하다는 사연과 연락처를 메모했다. 필자의 양심적인 행동이 피해차량 주인을 적잖이 감동시키고 경미한 과실로 이해해 줄 것이라 기대했다.

그러나 다음날 피해 차량 주인으로부터 불쾌한 소리를 듣고 범퍼 전체를 교체하겠다는 통보까지 받았다. 보상은 당연한 것이지만 보험까지 가지 않고 적절한 보상 수위를 서로 조절했어도 되었을 텐데, 솔직하게 털어놓은 결과가 과도한 변상으로 이어져 후회한 적이 있었다.

솔직한 것은 좋다. 정의롭그 양심적인 것이다. 하지만 모든 것을 털어놓다가는 역풍을 맞을 수도 있다. 감출 것은 감추어야 하는 게 현실이다.

애인에게 전 애인의 이야기를 털어놓지 말아야 하는 것과 같다. 솔직하다고 보상을 받거나 표창장을 주는 것도 아니다. 세상이 진실을 높이 평가해 준다면 얼마나 좋을까마는 현실에서는 착하고 양심적인 사람들을 다치게 하는 사람들이 너무나 많다. 솔직한 사람들의 가슴에 못을 박는다. 언젠가 나의 솔직함을 알아주는 날이 오겠지라고 하지만 그런 날은 좀처럼 찾아오지 않는다. 혹독한 수업료를 지불하고 나서야 현실에 눈을 뜨게 된다.

물론 선의의 거짓말이 필요한 순간이 있다. 중병에 걸린 환자에게 가벼운 병이라고 알려주어 마음의 짐을 덜어줄 수 있고, 집들이에 갔을 때 음식 맛이 별로였더라도 "찌개 맛이 일품이네요"라고 칭찬하면 준비한 사람은 신이 난다. 밤새워 작성한 보고서가 내용도 없고 마음에도 들지 않지만 "수고했어. 조금만 더 다듬으면 완벽할 거 같은데?"라고 한다면 부하직원은 충성을 맹세할 것이다.

적당히 솔직해지자. 거짓말쟁이가 되어서는 안 되지만, 선의의 거짓말도 즐겨야 한다.

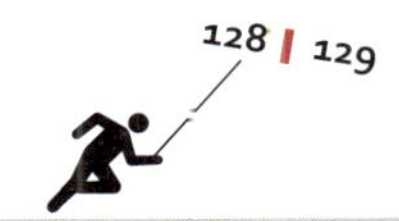

절약은 미친 짓이다

　정부청사에 갔더니 에너지를 절약한다고 실내 에어컨 온도를 28도 이상 시에만 가동시키고 있었다. 아예 에어컨 자체에 센서를 달아 그 온도 이상에서만 반응하게 해놓는 치밀함까지 엿보였다. 사무실이 거의 찜통 수준이었다.

　더위에 견디다 못한 공무원들이 집에서 선풍기까지 가져와서 돌리고 있는 모습은 가히 진풍경이었다. 더워서 일을 못할 지경이고 직원들은 축축 늘어져 있는데 무슨 대단한 에너지 절약 운동을 한다는 것이 우스꽝스럽다는 생각마저 들었다. 그렇게 더위를 보내고 몇 푼 아꼈다면 과연 큰 의미가 있을까? 그런 더위 속에서 직원들의 마음에 고객을 위한 서비스정신이 샘솟을 수 있을까?

절약은 쓸데없는 낭비를 제거하고 원가절감에 기여한다. 그러나 더 큰 불편을 감수해야 하는 절약은 달갑지 않다. 무분별한 절약은 오히려 효율성이 떨어진다.

오후 7시면 무조건 소등하는 회사가 있었다. 이를 어길 경우, 고용상의 상당한 불이익이 떨어질 것이라고 경고했다. 이러한 절약운동에 힘입어 그해 800만 원이나 되는 전기요금을 절약했다. 사장은 속으로 성공했다고 쾌재를 부를지 모르겠으나, 그의 절약정신은 질책을 받아야 마땅하다. 직원들은 오후 7시가 넘으던 일을 못해 부득이 야근해야 할 때는 몰래 숨어서 하거나 집으로 일을 가져가야 했다.

지나친 절약은 사람을 지치고 피곤하게 만든다. 절약해서 불편하다면 절약의 진정성은 훼손된 것이다. 절약한 만큼 그대로 투자하는 것도 아닌데, 결국 그 미친 행위(?)는 이용자들이 고스란히 떠안게 된다.

가격이 적당한 최신형 프린터를 하나 사면 될 일을 절약하겠다는 일념 하에 구닥다리 프린터를 쓰면서 컬러 프린트 10장 하는데 하루 종일 걸려 뽑는 실무자의 수고로움을 경영자나 관리자는 모른다.

유형의 절약에 성공했지만 무형의 손해가 더 크다는 사실을 그들은 알아야 한다. 한 달에 500만 원 아꼈다면 직원들은 불편비용을 5000만 원이나 지불해야 하는 것이다.

절약정신에 반항을 해보자. 절약하지 않아야 투자도 하고 새로운 일

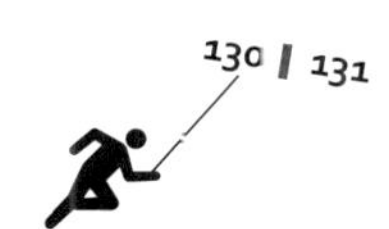

도 개척할 수 있다. 예산을 절약해서 반납하면 그 예산이 다음해에는 나오지 않아 애먹는다. 예산은 다 써야 또 나온다.

물론 절약하면 득이 보는 부분은 분명히 있다. 하지만 절약하지 않아서 이득 보는 부분이 더 많다. 절약을 하려면 다음과 같아야 한다.

1. 분별력 있게 해야 한다.
2. 투자와 절약의 균형이 깨지면 안 된다.
3. 절약한 비용은 반드시 건전하게 환원시켜야 한다.

신규 사업에서는 예산 비용을 억대로 측정하면서 정작 직원들의 인건비나 복리후생비 지출에는 인색하다. 고생하여 절약한 돈을 절약한 당사자들에게 환원하지 않는 것은 절약의 값진 성과를 퇴색시킨다.

수도꼭지를 계속 틀어놓는 것은 낭비이다. 그러나 물이 필요할 때는 반드시 수도꼭지를 틀어야 한다. 그리고 받아낸 물은 값지게 써야 한다. 이것이 진짜 절약이다.

강자에게는 강하고 약자에게는 약해져라

90년대 초 필자가 전방 소대장을 할 때 대대에 무서운 작전장교 한 분이 계셨다. 수색이나 정찰 등의 상황보고를 할 때면 그의 카리스마 앞에 모두 주눅이 들었고, 그에게 말을 섞는 것은 감히 상상조차 할 수 없는 일이었다. '까라면 까라'식의 어떠한 불합리한 명령도 감수해야 했다.

하지만 필자는 논리적으로 다부지게 맞섰다. 그에게 약점을 잡히지 않기 위해서 소부대 전술 교범을 수없이 많이 읽고 소대원들을 빈틈없이 훈련시켰다. 그러자 어느 날부터 그가 필자에게는 함부로 하지 못했다.

반대로 필자는 약자에게는 약했다. 소대의 풀어진 고참병들에게는 엄하게 대했고, 이등병들에지는 그들이 시기하여 몰래 기합을 줄 정도

로 온정을 베풀었다. 어려움도 많았다. 군대만 아니고 계급만 없으면 고참병들이 단체로 시위라도 벌일 아찔한 순간이 한두 번이 아니었다. 그런 강자들과 타협했으면 군생활이 편했을 텐데 그러질 못했다.

그러나 진가는 1년 후부터 나타났다. 고참들이 하나둘 빠져나가고 약자였던 이등병들이 소대의 실세들로 부상했을 때 필자는 달콤한 소대장 생활을 누렸다. 약자일 때 잘해주던 소대장을 고마워했던 그들이 강자가 되어 알아서 척척 돌아가는 소대를 만들어 필자를 도와준 것이다. 그 당시 약자들과는 전역 후 15년이 넘은 지금까지도 모임을 갖는다.

필자의 역발상 처세는 지금도 변함이 없다. 강자에게는 자존심을 굽히지 않지만, 힘없고 불쌍한 사람들에게는 한없이 약하다.

강자를 만나도 당황하거나 주눅 들지 말아야 한다. 다윗과 골리앗의 싸움에서도 다윗의 자신감과 발상전환이 승리의 원동력이 되었다. 도무지 싸움 자체가 되지 않을 것이라는 주위의 만류에 다윗은 '골리앗이 크기 때문에 돌을 던졌을 때 맞을 면적이 더 큰 거 아닌가?' 하며 강한 골리앗에게 맞섰던 것이다.

우리 사회는 강자가 모든 것을 가질 수 있는 구조다. 강자들의 횡포로 짓밟히는 사람들이 너무나 많아졌다. 그러나 이제 그릇된 약육강식의 논리는 사라져야 한다. 언젠가 강자도 약해지고 약자도 강해질 수 있다.

회사에 꼭 한두 명씩은 있다는 '아부형 인간'은 강자에게 기댄다. 그에게 약자들은 안중에도 없다. 위는 보는데 아래는 보지 않는 넙치눈을 가졌다. 그러나 그 강자가 날개가 떨어지거나 힘을 잃으면 자신도 함께 떨어진다는 사실을 알아야 한다.

상사에게 'NO'를 말하지 못하는 사람들이 있다. 그래서 항상 상사에게 휘둘리고 끌려 다닌다. 불합리한 것, 불가능한 것, 정당한 권리나 명료한 객관적 사실에 반하는 사항에는 확실하게 NO를 외쳐야 한다. 강한 기(氣)로 나를 누르는 강자에게는 보란 듯이 강하게 맞서야 한다. 그리고 힘없는 약자에게는 약한 고습으로 그들의 세계를 이해하고 함께하라. 분명 그 행동은 값진 인과응보(因果應報)로 다가올 것이다.

어느 정도껏 비리를 저질러라

예를 들어 사장이 법인카드로 사소한 개인용품을 샀다고 노조가 들고 일어나 사장 해임안을 제출했다고 가정해보자. 유능한 국회의원 후보가 기업 CEO에게 만 원짜리 점심 한번 얻어먹었다고 단번에 낙방했다고 가정해 보자. 수년간 성실하게 일한 직원에게 사소한 규정을 어겼다고 가차 없이 직위 해제를 명령해보자. 그렇다면 과연 누가 아무런 특권도 봐주기도 없는 직위에 매력을 느끼겠는가?

조직생활 내내 비리 통제구역에서 산다면 그 누가 더 좋은 위치, 더 나은 환경을 위해 열심히 노력하겠는가? 어느 정도의 비리는 눈감아 주어야 동기부여를 할 수 있지 않을까?

불법자금 조성, 게이트 등 각종 부정축재는 엄벌해야 마땅하지만, 불쾌감을 주지 않을, 비교적 들켜도 귀여운 비리는 눈감아 줄 수 있는 인식이 필요하다. 예컨대 집에서 일하려고 회사 사무용품을 가져가는 것, 호프집에서 아르바이트를 하고 있는데 친구들이 와서 사장 몰래 안주를 더 내오고 맥주잔에 술을 꽉꽉 채워 따라가는 것은 알고도 모른 척 눈감아 주어야 한다. 이런 것들까지 처벌하면 삭막하여 일할 맛도 나지 않을 것이다. 부적절한 사안이 아닌 정도를 넘지 않은 비리에는 융통성을 발휘해야 한다.

비리를 막겠다고 눈곱만한 것까지 단죄하는 것은 지나치다. 가볍게 식사대접을 받는 것과 사과상자에 불법자금을 건네받는 것은 비리의 질이 다르다. 털면 먼지 하나 안 나오는 사람이 어디 있겠는가? 정도가 지나치지 않은 사소한 비리까지 원천적으로 봉쇄하면 부작용이 생기게 된다. 어차피 작은 비리나 큰 비리나 똑같이 처벌받으므로 차라리 큰일을 내자는 쪽으로 마음이 움직일 수도 있다.

자동차 부품 회사에서 수십 년을 성실하게 일한 어느 기술자는 가끔 회사 부품 한두 개를 빼내어 자신의 차를 정비하는 데 썼는데 이를 적발한 회사는 신상필벌을 명분으로 중징계를 내렸다고 한다. 이후 그 기술자는 회사에 대한 충성심이 사라져 회사의 핵심기술을 가지고 경쟁사로 옮겨 간 사례는 이를 잘 증명하고도 남는다. 벼를 잘 제거하려면 근본적으로 잡초를 제거해야 하지만, 잡초를 뿌리 뽑았을 때 심한 병충해

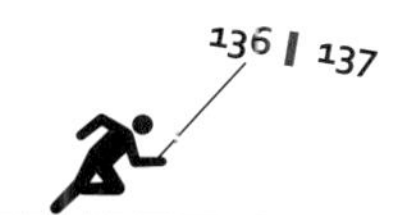

가 올 수도 있다는 것을 알아야 한다.

그럼 어느 정도 얼마만큼의 비리를 묵인해 주어야 할까? 서로에게 부담되지 않는 금액인 최대 5만 원 정도? 그리고 5만 원어치의 유쾌하고 아름다운 비리를 맘껏 저질러 보는 거다.

학교 선생님이 결식아동에게 슬쩍 식사 값 5만 원을 챙겨주는 비리, 맘 좋은 상인이 아이가 정말 갖고 싶어 물건을 반값 5만 원에 주는 비리 등은 흐뭇하게 저지르자. 그밖에 사무실에서 청소하는 가난한 아주머니가 안쓰러워 안 쓰는 회사 집기를 가져다 쓰시라고 하는 비리, 만두집 종업원이 팔다 남은 만두를 포장해서 고아원에 달려가는 비리는 은근슬쩍 권장하도록 하자.

정도를 벗어나지 않는 비리가 조직에 활력을 불러일으키고 세상을 아름답게 만들 수 있다면 얼마든지 그 정도의 비리는 장려해야 한다. 아마 5만 원 지폐에 안착하신 사임당도 이런 비리는 모른 척 눈감아 주실 게다.

시간이 모든 것을 해결해 주지 않는다

지하철에서 강아지의 대변을 치우지 않아 네티즌의 비난의 대상이 된 이른바 '개똥녀', '키 작은 사람은 루저(loser)'라고 하여 역시 인터넷에서 공격의 대상이 되었던 '루저녀', 군복무를 3년 이상 해야 한다고 겁 없이 주장하여 수많은 안티세력을 길러낸 '군삼녀', 그리고 학교에서 환경미화원 아주머니께 욕설을 퍼부어 네티즌의 노여움을 샀던 '피륜녀'에 이르기까지 어느 정도 시간이 지나 사태가 진정된 지금 그녀들은 어떻게 지낼까?

시간이 지나 사람들의 기억 속에서 희미해진 것같아 보이지만 결과적으로 그녀들은 편치 않다. 한순간의 실수로 평생 비난을 받는 엄청난 대가를 치르고 있다. 일부 잔인한 네티즌은 신상털기도 모자라 최근까지

도 그녀들의 근황을 캐며 비난의 화살을 접지 않고 있다. 때문에 강아지의 변을 치우지 않은 주인공은 우울증에 시달리고 있고, 루저녀는 휴학을 했고, 군삼녀는 인터넷에 남아있는 동영상 때문에 지독한 스트레스를 겪고 있단다. 최근 패륜녀라고 낙인찍혔던 여성 또한 후폭풍에 괴로워 한다고 한다.

시간이 지나면 모든 것이 해결되고 치유될 것 같지만 그렇지 않다. 시간이 지나면 상처는 치유될 수 있지만 흉터는 남아 있다. 현실은 이렇듯 모질고 냉정하다. 한번 잘못하고 상처를 받으면 좀처럼 헤어날 틈을 주지 않는다.

주변에서 그렇게 만든다. 인간은 사회적 동물이기 때문에 사회심리학적 관점에서 보면, 특히 사건이 비극적일 경우 시간이 흐른다고 잔상이 지워지지 않는다. '시간이 약이다'라는 표현은 그 설득력이 수명을 다했다.

더 이상 시간이 지나면 다 잘될 것이라는 관조적이고 소극적인 자세는 버리자. 시간이 지나면 부정이 긍정으로 저절로 바뀐다는 것은 애써 '긍정의 힘'을 주입하여 현실을 위로하고 합리화하려는 노력에 불과하다.

먼저 돌이킬 수 없는 실수를 하지 않도록 주의하자. 만약 실수했다면 시간에 의존하지 말고, 언젠간 말끔하게 아물 것이라는 헛된 믿음 또한 갖지 말고 흉터는 남을 것이라는 '당위론적 사고'를 갖도록 하자.

그리고 하루하루 현실에 최선을 다하자. 시간이 지나도 자동 치유 프

로그램이 가동되지 않으니, 스스로 처한 현실을 차곡차곡 극복해 나가
는 수동치료 방법을 채택할 수밖에 없다. 시간의 흐름은 칼날을 무디게
만들 뿐이지 칼날 자체를 없애주지 못한다.

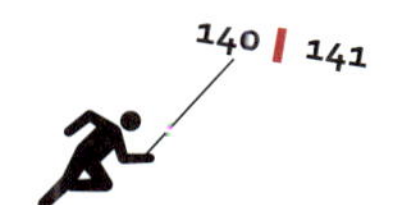

대탐소실하라

'작은 것을 탐하려다 더 큰 것을 잃는다'는 '소탐대실(小貪大失)'의 교훈을 사람들은 잘 알고 있다. 그러나 시대는 이제 당장의 작은 이익을 버리고, 더 큰 이익을 얻기 위해 노력하라고 말한다. 이른바 '대탐소실(大貪小失)'의 사고이다. 작게 손해 보고 크게 얻는 것이 현실적으로 더 합리적이지 않은가?

주변에 남다른 부를 축적한 사람을 눈여겨 보라. 운도 있지만 그들은 은근히 '대탐소실(大貪小失)' 삶을 추구하고 있다. 단기적으로 작게 잃어주고 장기적으로 크게 따가는 식이다. 고스톱에서도 고수들은 처음에 일부러 손해 보면서 작은 판을 져 주다가 큰 판에서 한몫을 챙긴다고 하지 않던가?

보통 사람들은 근시안적인 시각에서 벗어나기 힘들다. 당장의 작은 이익에만 얽매여 자신 또는 상대방에게 투자를 소홀히 하는 경우가 그렇다.

두 상점이 있다. A상점은 물건을 사든 구경을 하든 모든 방문 고객에게 간단한 음료를 제공한다. 하루 많게는 수백 개의 음료수를 무료로 제공하는 일이 분명 A상점으로서는 손해다. 하지만 A상점은 더 큰 고객만족을 위해 작은 손해를 감수한다. 반면 B상점은 일체 판촉물도 돌리지 않고 절대 조금도 손해보려 하지 않는다. 손님맞이에도 머릿속 주판알 튕기는 소리가 들린다.

그러나 결과적으로 A상점은 B상점에 비해 더 많은 이익을 내고 있다. B상점은 짠돌이 경영으로 고객들의 발길이 줄어들어 문을 닫고 말았다. A상점의 '대탐소실' 경영 승리다.

소탐(小貪)은 대실(大失)을 부른다. 작은 욕심을 통제하지 못하면 큰 화를 입고 장차 큰일을 도모하기도 힘들다. 주식투자를 보라. 투자자들이 조금이라도 더 이익을 보기 위해 매도시기를 놓치면 결국 큰 것을 놓치게 된다.

친한 친구와 칵테일바에 간 적이 있었다. 몇 모금 입에 털어 넣으면 끝나는 작은 잔에 늘 나오던 칵테일이 웬일인지 큰 잔에 나왔다. 점원이 실수로 큰 잔에 칵테일을 만들어 가져온 것이다.

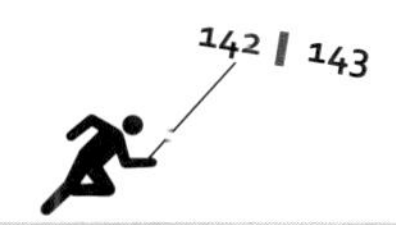

'이게 웬 횡재냐'하고 기뻐하는 찰나에 사장이 오더니, 친절하고 밝게 "어이구! 저희 실수로 잔이 바뀌었네요" 하고 정중하게 사과하더니, 큰 잔 칵테일을 재빨리 가져가고 작은 잔에 가져왔다.

이럴 때는 아무리 친절해도 사장의 뒤통수를 때리고 싶어진다. 꼭 주었다가 다시 빼앗는 거같다. 이럴 때는 '고객님, 운이 좋으시네요! 저희가 실수로 큰 잔으로 드렸는데 그냥 드세요'라고 했으면 아마 평생 단골이 되었을 것이다.

나무를 보지 말고, 숲을 보아라. 꿈이 있는 사람, 미래를 설계하는 사람은 무엇을 잃고 탐해야 하는지 정확히 한다.

새 술은 새 부대에 담지 마라

하루하루가 주마간산(走馬看山)처럼 지나간다. 그러다가 어느새 한 해의 끝자락을 잡는다. 연말이 되면 늘 새해 설계로 분주하다. 사람들은 송구영신(送舊迎新), 온고지신(溫故知新)을 습관적으로 말하고, 새해맞이 새판 짜기를 한다. 지나온 것들은 죄다 분리수거하고, 새 술을 새 부대에 담겠다는 의지만큼은 이 시기가 가장 강하다.

하지만 새것으로 모든 것을 포장하는 것이 마냥 좋은 것일까? 반대로 헌 것은 모두 휴지통에 버려져야 하는 것일까? 경우에 따라서는 새것이 더 좋지 않을 때가 많다. 새집증후군 때문에 아이들은 아토피에 시달리고, 새로 뽑은 자동차에서 나는 냄새는 사람을 예민하게 만든다. 새로 산 구두에 발이 익숙해질 때까지 불편을 감수해야 하고, 새로 산 장비

는 길들여질 때까지 많은 시간이 걸린다.

시작, 새것, 처음 하는 것은 다 좋아 보이나, 잠시 의욕만 불태우다가 방향감각을 잃고 허무하게 끝나는 경우가 있으니 주의해야 한다. 그렇다면 어떻게 해야 할까?

1. 무조건 새것으로 바꾸기 전에 헌것을 품위 있게 변신시킬 수 있는지 확인해 보자.

특히 대인관계가 그렇다. 언제나 새로운 친구, 새로운 비즈니스 인맥, 새로운 고객과의 만남보다 가까이 있는 사람과 좀 더 마음을 나누고 소중히 하는 것이 좋다. 나를 사랑해주고 또 사랑하는 사람들은 늘 나와 더불어 가야 하는, 연식은 조금 있지만 길을 잘 들인 자동차와 같은 존재이니 더욱 관심있게 대해야 한다.

2. 새로운 시작은 과거와 연장 관계에 있어야 한다.

연초에 새로운 1년 계획을 세우지 말고, 이전의 계획을 발전시키는데 초점을 두자. 무리하게 새로운 일을 벌이지 말고 과거 이루지 못한 것을 이루는데 초점을 맞추자. 생활습관을 철저히 처음부터 끝까지 바꾸기보다는 좀처럼 바뀌지 않는 습관부터 하나씩 고치려고 노력해야 한다.

3. 새것으로 바꾸게 되는 새로운 학습의 수고로움을 생각하자.

멀쩡한 핸드폰을 새것으로 갈아타는 경우 메뉴도 자판도 새로 익혀야 할 때가 많다. 익숙해질 때까지 시간을 투자해야 한다. 꼭 새것이어야 되는 경우가 아니라면 반발자국 늦추어야 한다.

매장에서 갓 들고 나온 명품은 왠지 촌스럽다. 적절한 손때가 묻은 명품이 더 명품다워 보인다. 새 술을 새 부대에 담기 전에 이미 알맞게 숙성된 술을 키핑(Keeping)해 놓고 필요할 때 찾아서 활용해야 더욱 실용적이다.

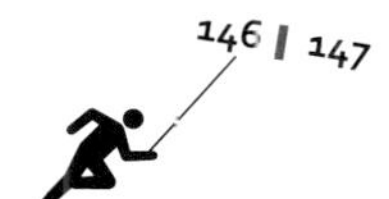

즐기지 못하면 피하라

곧잘 엉뚱한 행동으로 주변을 놀라게 하는 괴짜 친구 녀석이 있다. 가령 세계적인 축제 월드컵, 그것도 16강전 우리나라 경기를 보지 않는다. 그 시간에 그럼 뭐하냐고? 서울 88올림픽 강변도로를 드라이브한단다. 녀석의 말로는 '4년 만에 한번씩 찾아오는 아우토반의 기회'라나?

내가 하기 싫은 것을 하지 않는 용기는 대단한 것이다. 힘든 일, 어려운 일, 견디기 어려운 상황에 처하면 '피할 수 없으면 즐겨라'라고 위로 섞인 말을 되뇌지만, 내 친구 녀석처럼 '즐길 수 없으면 피하라'도 한 방법인거 같다. 아니! 피할 수만 있다면 피하고 싶을 만큼 싫은데, 무조건 즐기라는 것은 억지논리가 아닌가?

예를 들어 골프를 즐기지 못하는 사람이 있다고 치자. 비즈니스나 대

인간관계를 위해 골프채를 잡으라 하는 것은 수학을 싫어하는 아이에게 수학자가 되길 바라는 것과 같다. 다른 테마를 찾아서 비즈니스도 하고 관계도 돈독하게 하면 되지 않나?

우리는 인생을 즐길 권리도 아무것도 선택하지 않을 권리도 있다. 공동의 목표를 위해서 억지스러운 긍정의 힘을 믿기 위해서 희생하지 마라. 차라리 그 시간에 생산적인 일을 하라.

연수교육과정에 참여하여 도저히 관심 없고 도움 안 되고 일 푼의 재미조차 없는 강의를 비몽사몽 듣느니 차라리 몰래 책이라도 펼쳐 보자. 스마트폰으로 유용한 곁가지 정보라도 찾아보든지. 만나고 싶지 않은 사람이 같은 모임에 참석해야 한다는 사실을 알게 되었다면 철저하게 계획하여 모임에서 그와 멀찌감치 떨어질 준비를 해보자.

시험 보는 것을 좋아하는 사람은 없다. 피할 수 없는 것을 즐기라는 말에 수능을 즐기고 신나게 시험을 치는 수험생들은 없을 것이다. 피하지 못하는 것은 즐길 수도 없다.

인터넷 포털 사이트 네이버를 만들고, 인기폭발의 한국적 SNS '카카오톡'을 개발한 김범수 씨는 이렇게 이야기한다. '하기 싫은 것까지 하면서 악착같이 살지 말고 하고 싶은 일에 빠져라'라고. 그러면서 본인은 '카카오톡'을 구상하기 전까지 3년간 매일 PC방에서 놀면서 생각했다고 한다. 그는 자신이 가장 하고 싶은 일을 즐길 수 있는 일로 만들어간 주인

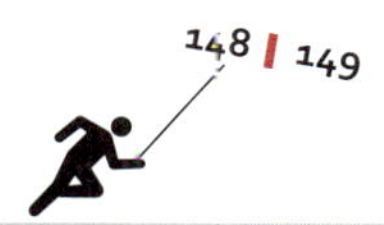

공이다.

길가의 개똥을 밟으려는 사람은 아무도 없다. 개똥은 피하는 게 상책이다. 그래도 밟게 된다면 적당히 투덜거리며 스트레스를 털어버리자. 밟고 나서 내심 썩소를 지으며 애써 기분을 감출 필요는 없다. 내심 즐기지도 못하면서 즐기는 시늉하는 것이 더 고통스러운 것이다. 즐기지 못한다면 최대한 피하자.

약을 끊어야 병이 낫는다

어머니와 함께 종합병원에 간 적이 있다. 괜히 따라왔나 싶었다. 세상의 모든 환자들이 다 여기에 모인 듯했으며 병원은 결코 올 따가 못 된다는 사실을 다시 한 번 복습하게 만들었다. 그중 가장 쇼킹한 것은 병원에서 처방해 준 어머니의 몇 달치 약이었다. 약은 혈압약, 신경통약, 안정제 등 거의 장보기 수준이었다. 어머니는 몇 년째 약을 달고 사신다. 몸은 낫지도 않는데 약에 대한 의존도만 높아지는 것 같아 슬프고 한편으로 기분이 씁쓸하다.

대부분의 사람들은 아프던 습관적으로 약을 먹는다. 어깨가 조금 결리면 파스를 붙이고, 두통에는 진통제, 감기에는 해열제, 위장에는 제산제와 소화제, 잠이 안 오면 수면제를 복용하는 것이 거의 매뉴얼처럼 되

어 있다.

　필자는 의학전문가가 아니지만, 일부 의학전문가(일본 의학박사 '아보 도오루' 등)의 주장을 인용하여 '약을 끊어야 병이 낫는다'는 것을 힘주어 강조하고 싶다. 뜻있는 의사들은 약의 장기복용이 우리 몸의 자율신경, 즉 교감신경과 부교감신경의 균형을 깨고 면역력을 저하시킨다고 깊은 우려감을 나타내고 있다.

　예를 들어 진통제의 상시복용은 일시적인 통증을 완화하는 효과는 있지만, 자율신경의 혼란의 가져와 어깨 결림과 같은 새로운 병을 유발할 수 있다는 것이다.

　사람은 아프면 심약해진다. 그래서 약의 힘을 빌려 이를 치유하려는 조건반사적인 행동을 하게 되는 것 같다. 약을 안 먹으면 병이 심해질 것이라는 불안감이 저변에 깔려있으니 경미한 질병에도 일단 약부터 찾는다.

　과연 약이라는 것이 TV광고처럼 만세를 부르며 '금세 나았습니다' 할 수 있는 것일까? 실제로 감기 바이러스는 완치 약이 없다고 한다. 우스갯소리로 '감기는 약 먹으면 1주일, 먹지 않으면 7일'이라고 한다.

　2~3일간 열이 오르다가 면역작용에 의해 정상적으로 회복되는 것이 감기다. 시간이 그저 약인데 마치 약을 먹어서 나은 것 같은 착각에 빠지고 만다. 오히려 열이 오를 때 해열제를 써서 우리 면역체가 감기 균과

싸우고 있는데 찬물을 끼얹어 감기를 더 오래가게 만든다.

약에 대한 생각을 뒤집어라. 약은 되도록 절제하고 정말 참기 어려울 때 한 번씩 처방한다고 생각하자. 병은 약이 아니라 '다시 건강해질 수 있다'는 마음이 낫게 한다. 이러한 마음가짐이 없으면 병은 약이나 먹으며 하루하루 그냥 살아가게 만든다. 결국 거꾸로 약이 내 몸의 활력을 방해한다.

약이 없으면 불안하게 만드니 스트레스마저 불러온다. 약은 참 고약한 녀석이다. 따라서 심한 경우가 아닌 경우에는 일단 맨 정신 맨몸으로 부딪쳐 보아야 한다. 그래야 자연치유력도 더 강해진다. 그럼에도 불구하고 싸움에 졌다면 약을 잠깐의 구원투수로 등장시켜야 하는 것이다.

잘 먹고 잘사는 오늘날에 약은 더욱 남용되고 있다. 우리들이 어린 시절, 가난한 시절에는 약 없이도 또는 민간요법으로 잘 버텨넜지 않았는가. 특별한 사항이 아닌 경우라면 금연을 결심하듯 독하게 약을 끊어보자. 그리고 내 몸의 저항력이 얼마나 강한가를 지켜보자. '건강의 최고다'라고 누구나 말하지만, 이것을 각종 약과 건강보조 식품으로 지키는 것은 아닌지 반성해야 한다. 약은 질병의 통치자가 아니다. 약(藥)은 약(弱)한 녀석에 지나지 않는다.

자기계발에 대한
생각 비틀기

남이 하지 않는 일을 창의적으로 제대로 하라

변화의 시대, 돈을 벌고 성공하고 싶다면 남들이 다 하는 일에 올라타지 말고 희소성 있는 일에 도전하라. 부가가치가 큰 만큼 그 일을 창의적으로 제대로 해야 한다. 말하자면 창의적으로 블루오션을 개척하는 것이다.

예를 들면 취업에 있어서 이제 영어는 변별력이 없어졌다. 너도나도 잘하니까. 남들이 영어공부에 매달릴 때 일찍이 중국어, 러시아어 심지어 아랍어를 마스터하여 후에 어려운 취업문턱을 쉽게 넘은 학생, 발라드와 팝송이 유행하던 시절 랩에 주목하여 새로운 음악시장을 개척하여 성공한 서태지, K-POP에 반향을 불러 일으킨 싸이 등이 성공사례이다.

반대로 남들과 똑같이 하면 성공하기 어렵다. 우후죽순처럼 생겨나

는 커피전문점은 생계를 걱정해야할 사업이 될 수도 있다. 남들과 비슷한 음식점을 개설하면 몇 개월 안에 문 닫을 확률이 높다.

처음부터 남이 하지 않는 일에 도전하여 전문가가 되는 것이 선견지명이다. 필자가 육군사관학교를 다닐 때 동아리 활동으로 '골프부'가 있었다. 당시 새파랗게 젊은 우리들에게 골프가 생소했던 1학년 때부터 골프부를 지원해서 4년간 단련한 동기생이 있었다. 현재 그는 필드에서 펄펄 날아다니고 상사에게도 인정받는 군생활을 하고 있다. 그때는 골프를 왜 하냐고 조롱했지만 매우 현명한 동기가 아닐 수 없다.

스타나 성공한 사람들을 보면 아무도 가지 않은 길을 개척한 사람들이 많다. 찾아보면 남이 하지 않는 블루오션은 아직 얼마든지 존재한다. 결혼 정보회사는 많다. 결혼정보회사를 차린다면 레드오션이다. 그런데 요즘 이혼율이 계속 높아져 이혼정보회사가 서서히 고개를 든다고 한다. 이혼절차를 대행해주고 심지어 이혼식까지 해준다나? 이혼정보회사가 블루오션이다. 그러나 이 또한 얼마 지나지 않아 레드오션으로 변할 것이다. 재결합을 원하는 부부가 있을 수 있으니 재결합 정보회사를 지금 차려보면 어떨까?

같은 일을 하더라도 창의적인 생각을 플러스시켜 성공한 사례가 있다. 전국 어디를 가더라도 회맛은 비슷하다. 서비스 메뉴도 거기서 거기다. 그런데 도심 한복판의 어느 횟집을 갔더니 횟감을 고객이 직접 고르고 뜰채로 건져 올리게 하고 있다. 한걸음 더 나아가서 어떤 집은 점포 안에 간이 양어장을 만들어 낚싯대로 횟감을 직접 낚게 하고 있다. 고객들은 회를 먹는 것보다 횟감을 직접 고르고 잡는 것에 스트레스를 푼다고 한다. 통쾌한 창의력의 승리이다.

시대의 트렌드에 따라 유망직업군 또한 창의적으로 바뀌고 있다. 고수익을 보장하던 의사, 변호사, 교수 등은 과잉인력 배출로 더 이상 최고의 직업이 아니다.

고령화 시대, 스마트 시대에 닿는 유망직업을 찾아보자. 실버코디네이터 또는 사이버 보안 전문가도 전망이 밝다. 그러나 이러한 남이 하지 않는 일이 나의 적성에 맞아야 한다. 남이 하지 않는 일인데 내가 좋아하는 일이 있다면 그야말로 금상첨화다. 지금 남들이 하지 않는 일 가운데 내가 하고 싶은 일, 그리고 창의적으로 제대로 잘할 수 있는 일에 도전해 보자. 잘만하면 대박을 꿈꿀 수 있다.

절박함이 있어야 성공한다

어느 운송업체가 북해에서 잡은 청어를 산채로 런던으로 운송해달라는 주문을 받았다. 대부분의 청어가 운송도중 죽어 신선도가 떨어지므로 산채로 운송을 해야 제값을 받을 수 있었기 때문에 운송업체로써는 고민이 이만저만이 아니었다.

역발상으로 그 업체는 산채로 청어를 배달하여 재미를 톡톡히 보았다. 그 방법은 청어를 운반하는 용기에 메기 두 마리를 넣는 것이었다. 청어를 잡아먹으려는 메기를 피해 기를 쓰고 도망 다닌 청어들은 목적지까지 생명을 유지할 수 있었다. 메기가 잡아먹은 청어는 고작 두 마리에 불과했다.

이 유명한 '메기 이론'은 우리에게 시사하는 바는 크다. 긴장감이 없고 편안하면 오히려 느슨해져서 경쟁력을 잃고 나태해진다. 취업준비, 자격시험 준비를 할 때 절박함이 있어야 잘된다. 측근 중에 부유한 집에서 태어나 잘 먹고 자가용까지 몰고 다니면서 사법고시를 준비하는 사람이 있다. 그는 수년째 똑같은 생활을 반복하고 있다. 물론 다 그런 것은 아니다.

주변에 동종업체가 없는 음식점이 있다고 하자. 맛과 서비스는 기본적으로 갖추었고, 더구나 경쟁하는 가게가 없어서 장사가 잘될 것 같지만 실패할 가능성이 높다. 갈수록 절박함이 없어지고 감각이 무뎌진다. '먹자골목', '공구상가', '휴대폰 거리' 등이 바로 절박함을 바탕으로 서로를 경쟁자 삼아 살아남는 경우이다.

조직도 마찬가지다. 선의의 경쟁자가 많아야 더 좋은 성과를 내는 법이다. 경쟁자가 생겼다고 위기의식을 느끼기보다는 그 절박함이 더욱 열심히 하도록 자신을 채찍질하는 계기를 마련해 주었다고 생각해야 한다.

보통 실패하거나 시련을 겪으면 맥없이 무너져버린다. 그러나 성공한 사람들을 잘 살펴보라. 의연하게 절망의 바닥을 찍고 우뚝 선 사람들이 대부분이다. 축구경기에서도 이번 경기에서 지면 본선티켓을 따지 못한다는 절박함이 선수들을 더 분발하게 만든다.

이처럼 적절한 절박함은 내 안의 열정을 폭발시킨다. 긴장감이 없으면 매너리즘에 빠진다. 절벽 끝에 서 있을 때 생존 의지가 더 생긴다고 한

다. 물론 절박한 상황까지 가지 않고 성공할 수 있다면 좋겠지만, 현실이 어디 평탄한 길만 주어지는가? 인생에는 오르막길과 내리막길이 함께 있다. 오르막길을 만나도 힘차게 치고 올라갈 동력이 있다면 다른 길에서의 행보는 훨씬 수월해진다.

여유있고 안정된 것만 지향하지 말자. 그렇게 되면 당장은 편할지 몰라도 오래 갈 수 없다. 지금의 생활이 1년이 지나고 10년이 지나도 변하지 않을 수는 없다. 스스로 어느 정도의 절박감을 부여하도록 하자.

사자와 호랑이랑 싸우면 누가 이길까? 더 배고픈 놈이 이긴다고 한다. 뛰는 놈, 나는 놈 위에 절박한 놈이 있다고도 한다.

우리 자신이 청어라면 위협을 가하는 메기가 존재해야 한다. 급변하는 시장 환경, 목표달성에 대한 압박감, 사업이나 취업 실패에 대한 두려움, 명퇴 등이 메기다. 우리는 이러한 메기의 절박감으로부터 살아남는 슬기롭고 민첩한 청어가 되어야 한다.

일찍 성공하지 마라

고등학교 친구 중에 일찍이 장사에 뛰어들어 서른이 되기 전에 큰돈을 번 녀석이 있다. 초창기 이동통신 관련 사업을 해서 대박을 터뜨려 남보다 빠르게 성공한 경우이다. 이 친구의 근황이 궁금해 동창에게 물었더니 하루하루 일용직을 하며 근근이 살아가고 있다고 한다. 인생 새옹지마(塞翁之馬)라더니 이 무슨 황당한 상황인지.

하지만 그 친구가 달고 단 짧은 성공의 맛을 본 뒤, 쓰디 쓴 긴 실패의 나락으로 떨어진 이유를 들어보니 꽤나 설득력이 있었다. 흔히 어설프거나 섣부르게 성공한 사람들은 성공한 후, 달콤한 유혹을 못 이겨 그동안 성공을 위해 지불한 수업료를 몇 곱절이나 더 지불하게 된다. 지금의 성공이 앞으로도 이어질 것이라는 기대와 꿈에 도취되어 샴페인을

연일 터뜨려 성공하기 이전보다 더 초라한 모습이 되는 것이다.

친구 녀석도 그랬다. 갑자기 눈덩이처럼 불어난 돈벼락을 맞고는 이리저리 어울려 다니며 돈을 물 쓰듯 즐기다 재산을 탕진한 것이다. 그렇다고 돈 있을 때 옆에 있었던 사람들이 상황이 변한 지금 녀석의 곁을 지켜줄까? 정승 집에 개가 죽으면 찾아가도 정승이 죽으면 아무도 찾아오지 않는 법이다.

그 친구는 성공의 기쁨을 조금만 누리고 미래를 준비했어야 했다. 이동통신사업이라는 것도 삐삐에서 일반 휴대폰으로 그리고 스마트폰 사업으로 지속적인 변화에 대응해야 성공을 유지할 수 있는 것이다.

이른바 반짝 장세의 성공은 '불안한 성공'이고, 유지하지 못하는 성공은 '위험한 성공'이다. 단꿈에 너무 젖어들지 않도록 해야 한다. 일찍 성공했다면 더욱 경계해야 한다. 성공하는 시점부터가 진짜 시작이다. 너무 일찍 성공하면 시야가 흐려져 추락할 수 있다.

연예인 중에 반짝 성공하여 인기와 돈을 얻어 흥청망청 쓰다가 나중에 생활고에 허덕이는 사람들이 많다. 성공은 놀이공원 롤러코스터처럼 빠르게 오르막과 내리막을 오가는 것보다는 회전목마처럼 해당 반경을 천천히 돌면서 하는 것이 더 좋다.

좀 느리게 성공하는 것도 괜찮다. '지각인생론'이라는 말이 있다. 지각을 해도 갈 수만 있으면 된다는 '느림의 미학'을 강조하는 것인데 성공

또한 지각해도 된다.

미래학자 피터 드러커는 '성공하는 시점부터 문제가 생긴다'라고 이야기했다. 조직 또한 외형적으로 커지고 사업이 잘될수록 신경 써야 할 것, 챙겨야 할 것들이 많이 생긴다. 성공한 뒤에는 더 높은 목표를 세우고, 적절한 동기부여를 해야 템포를 유지할 수 있다. 정말 '굵고 짧게'가 아니라 '가늘고 길게' 성공에 대응해야 하는 것이다.

세계 1위의 휴대폰 점유율을 자랑하던 노키아가 스마트폰에 대응하지 못해 추락한 사례와 워크맨 신화로 음원시장을 석권했던 소니가 아이팟(i-pop)으로 재기에 성공한 애플에게 MP3시장을 내주고 코너에 몰린 사례에서 교훈을 얻어야 한다.

조선시대 무신으로 17세에 무과에 장원급제하고, 20대 후반에 높은 자리에 오른 남이 장군은 훗날 역모를 꾀했다는 죄목으로 억울한 죽음을 맞는다. 일부 학자들은 그가 일찍이 성공해 경솔함과 오만함이 화를 좌초했다고 분석하기도 한다. 젊은 날의 성공과 풍요는 독이 될 수 있다. 자만해지기 때문이다.

필자의 직업은 전문강사이다. 이 분야에서는 어느 정도 자리를 잡았다고 생각하지만, 매번 정신 차리지 않으면 도태될 수 있다는 의기감을 가지고 산다. 비단 고등학교 친구뿐 아니라 같은 일을 하는 주변 사람들 중에서도 마치 혜성처럼 나타나 성공한 후에 빠르게, 아니면 서서히 잊

혀가는 사람들을 너무 많이 보았기 때문이다.

누구나 성공하고 싶어 하지만 성공하는 사람들은 극소수이다. 하지만 그 성공을 유지하는 사람은 더욱 극소수다. 유머지만 뼈가 있는 말이 갑자기 생각난다.

"너 그러다 한 방에 훅 간다!"

한 가지에 올인하지 마라

불과 몇 년 전까지는 '한 우물을 파라', '팔방미인은 굶어 죽는다' '외골수 인생'이라는 표현이 통용됐다. 요즘은 옆에 있는 우물도 미리 파야 하고 남의 우물도 살펴야 한다. 무엇이든 한 가지를 선택해서 올인하는 것은 옛날 방식이다. 투자도 마찬가지고 인간관계에서도 마찬가지다. 분산투자와 폭넓은 관계로 최악의 경우에 대비하고 충격을 완화시켜야 한다. 또 업무에서도 한 분야만 정통하면 한계점이 노출된다. 한 가지에 올인하면 그 분야의 전문성을 가질지 모르지만, 뒤집어 말하면 그것 말고는 할 줄 아는 게 없다는 뜻이다. 그 하나가 변하거나 사양길로 접어들었을 때는 막막해진다.

필자의 지인은 회사에서 15년간 전산실에서 근무했다. 회사의 컴퓨

터 시스템이 확장되면서 전산실 업무비중이 커져 쾌속승진하며 전산실장이 되었지만 지금은 애매모호한 위치가 되었다. 차츰 전산업무가 자체 인력보다는 전문업체에 아웃소싱 하는 추세로 변모함에 따라 전산실장의 입지가 줄어들었고, 체계적으로 컴퓨터 공학을 전공한 후배가 그 자리마저 위협하고 있다.

회사는 이를 고려하여 옮겨줄 자리를 찾았지만 나이도 나이이고, 그 직급에서 마땅히 옮길 곳이 없어 서로 고민 중이라고 한다. 그는 전산실 관리 업무 말고는 아무것도 못하기 때문이다.

제일 불쌍한 사람은 '특별히 잘하는 것도 못하는 것도 없는 사람'이 아니라 '한 가지만 잘하고 나머지는 못하는 사람'이다. 지금은 멀티플레이어가 사랑받는다. 가수가 노래도 잘하고, MC도 잘보고, 연기도 잘하면 바쁜 스케줄에 즐거운 비명을 지른다. 축구선수도 공격수든 미드필더든 어느 포지션에서든 다양한 기량을 발휘하는 선수가 등용의 기회가 더 많다. 일을 잘하면서 회식자리에서 잘 놀고 분위기를 주도한다면 상사들은 그에게 후한 점수를 준다.

사람들은 카멜레온과 같은 팔방미인을 좋아한다. 그러나 팔방미인이면서 어느 한쪽은 더 자신있어야 한다. 호감 가는 얼굴이면서 미소가 특별히 인상적이라야 하는 것이다. 음식점 가서 "아줌마, 여기 뭐 맛있어요?"라고 물었을 때 "다 맛있어요"라고 하면 특색이 없는 음식점이다.

"다 맛있는데 해장국이 제일 맛있으니 먹어봐요"라고 한다면 다재다능
하면서 개성있는 팔방미인과 같은 음식점이다.

기업에서는 이를 사업다각화 또는 다양한 포트폴리오 실현이라고 하
는데, 경제 자본주의 구조에서는 이러한 방향이 선진기업의 보편적 현상
이 아닐까 한다.

한 가지 핵심사업에만 마진했다면 삼성은 아직까지 설탕과 양복을
만들고, 현대는 길을 닦고 집을 짓기만 했을 것이다. 결국 세계 최고의
전자회사가 되고 글로벌 자등차 회사가 된 것은 계란을 한 바구니에 담
지 않은 투자의 결과였던 것이다.

두루두루 잘하면서 유독 한 가지를 더 잘하겠다는 목표를 세우자.
이른바 'T'자형 인간이라고 한다. 'T'의 윗부분 '⌐'은 다양성을 추구하는
부분이고, 아랫부분 'I'는 전문성을 추구하는 특화된 부분이다. 인사업
무 중에서 인사제도, 인력선발, 인력개발, 인사평가 등을 두루 거치며 인
사제도에 정통하다면 바로 그것이 시대가 원하는 인재이다. 오직 한 가
지에만 매달리는 것은 현대판 승부사가 아니다.

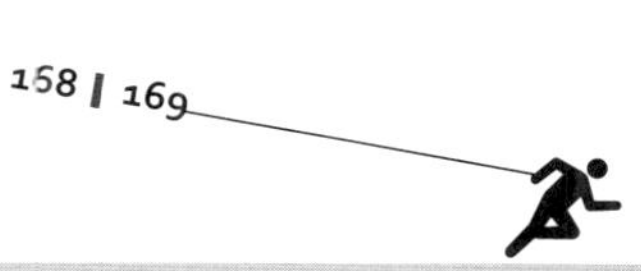

고생 끝에 골병든다

성공한 사람들은 매스컴에 나와서 한결같이 고생담을 자랑하고 마치 성공의 필수 코스인양 말한다. 그러나 그들은 성공했기 때문에 그간의 고생을 값진 추억으로 기억할 수 있는 것이다. 대부분의 고생한 사람들은 성공의 문턱에도 가보지 못하고 있다. 고생 끝에 낙이 온다지만 그 뒤에 찾아오는 성공은 약속어음도 보증수표도 아니다. 자칫하면 고생 끝에 성공이 아니라 골병만 남는다.

현대판 〈개미와 베짱이〉를 보라. 쉬지 않고 일한 개미는 젊은 날 몸을 혹사하여 허리 디스크에 걸려 그동안 모아놓은 돈을 병원비로 모두 탕진하고(그 흔한 보험도 들어놓지 않음), 나무그늘에서 쉬면서 노래를 부른 베짱이는 노래실력을 갈고 닦아 가수로 데뷔하여 성공하여 부자가 되었다는 이야기.

영화배우가 되기 위해 연극배우 단역으로 시작했다. 배고프고 피눈물 나게 어려운 시절을 보내면서 꿈을 꾸지만 상황은 나아지지 않고 계속 단역만 맡고 있다. 그런 사람이 대부분이다. 수백 명 중에 겨우 한두 명이 뜰까 말까다. 실제 스타 가운에 밑바닥부터 올라와 고생 끝에 성공한 사람은 1%도 되지 않는다. 오히려 일찍이 기획사에 발탁되어 자연스럽게 스타의 반열에 오르고 있다.

젊은 나이에 무일푼으로 유학길에 올랐던 필자의 친구가 있다. 고생 끝에 학위를 받아 귀국했지만 나이 제한으로 취업을 못해 절망하고 있다. 밑바닥부터 경험한다며 온갖 일을 전전한 어느 선배는 나이 먹어서도 인생의 갈피를 못 잡고 고생만 하고 있다.

4년마다 열리는 올림픽에서 선수들은 메달의 꿈을 키우며 연습한다. 그러나 그들이 흘린 피와 땀과 눈물의 결과가 모두 값진 메달로 주어지지 않는다. 실제로 2012년 런던올림픽은 204개국 10,500명의 선수가 참가했다. 올림픽 26개 종목 중 금, 은, 동 총메달 수는 302개에 불과하다. 1만여 명이 넘는 선수들이 목에 아무것도 걸지 못하는 것이다. 4년간의 노력이 몇 초 만에 판가름 난다. 고생이 물거품이 된다면 거의 공황상태가 된다.

따라서 고진감래(苦盡甘來)라며 고생을 성공의 연장선으로 기대하지

말고, 치열하게 준비했다고 하더라도 마음의 여유를 갖는 것이 중요하다. 죽어라고 그것만 했다가 목표한 것을 얻지 못하면 그것만큼 허탈한 것도 없기 때문이다.

특히 젊어서 워커홀릭이 되어서는 곤란하다. 이는 고생을 자청한 것인데 젊을 때 일을 너무 많이 하면 나이 들어서 인생을 즐길 힘과 요령이 없어진다. 일벌레로 정년퇴직한 사람들 중에 여유 있고 즐거운 제2의 인생을 찾는 사람은 손에 꼽기 힘들다. 대부분 노는 방법을 몰라 종일 화단을 일구거나 손자를 돌보며 소일하고 있고 우울증에 걸리기도 한다. '노세 노세 젊어서 노세, 늙어지면 못 노나니'라는 노래가사가 절묘한 풍자라는 느낌이 든다. 젊었을 때부터 적당히 인생을 즐길 줄 알아야 한다. 성공이라는 기차가 꼭 시련이라는 간이역을 통과할 필요는 없다. 고생하지 않고 성공할 수 있다면 편한 방법을 찾아보는 것도 좋다. 이왕이면 고생 안 하고 성공하는 게 더 좋지 않은가?

침묵은 똥이다

전화를 몇 번이나 걸었지만 응답이 없다. 궁금해서 보낸 문자에도 답장이 없다. 일방적인 상대방의 침묵에 답답하고 짜증이 난 경험이 있었으리라. 만약 배우자나 애인이 이 같은 행동을 했다면 그야말로 분기탱천(憤氣撑天)일 것이다.

우리에겐 참 많은 침묵이 일상화되어 있다. 방금 싸움을 마친 부부는 한동안 침묵으로 기분을 표현한다. 메신저에 반가운 이가 있어 말을 걸어도 답이 오지 않는다. 정말 복장이 터진다. 왜 모두들 이런 침묵 캠페인을 벌이는 것인가? 인간의 상호작용을 단절시키는 침묵은 똥 같은 존재이다.

묵언(默言)수행을 하는 것이 아니라면 말을 하거나 반응을 하고 아니

면 인기척이라도 하라. 침묵이 품위나 자존심을 지켜주지 않는다. 물론 이유가 있을 것이다. 답할 수 없는 상황이었다든지, 확인을 미처 못 했다든지. 그러나 침묵하는 그 시간 동안 상대방은 온갖 상상을 다하며 속을 태웠다는 것은 알아야 한다. 궁금해서 속이 타 들어가니 침묵 대신 속 시원히 답해라. 좋으면 좋고, 싫으면 싫고, 또 왜 그렇고, 왜 그렇지 않은지 말이다. 그렇게 해야 상대방도 적절하게 다음 행동을 할 수 있다.

침묵은 '공포'이기도 하다. 옛말에 '짖지 않는 개가 무섭다'라고 했다. 생각해 보라. 길을 가는데 덩치 큰 개가 짖지도 않고 나를 빤히 쳐다보고 있다면 얼마나 무섭겠는가? 공포영화에서도 깔깔대고 정신 없는 귀신보다 은근히 소리 없이 등장하는 귀신이 더 무섭다. 침묵하고 돌아간 고객은 무서운 고객이다. 두 번 다시 매장을 찾지 않기 때문이다.

직장상사가 과도하게 침묵하는 경우는 조심해야 한다. 무슨 생각을 하는지 어려워 부하들이 힘들다. 바보 같은 상사, 속 좁은 상사들이 말 없이 아랫사람들을 괴롭힌다. 이들은 부하직원의 잘못을 꾸짖어서 바로 잡지 않고 침묵하다가 인사고과에 반영하는 것으로 보복한다. 그런 치사한 보복은 아니더라도 침묵으로 '나 화났다'를 표시하고 다니거나, 삐지면 오랜 침묵으로 맞불 켜는 밴댕이 상사도 많다.

조용한 회사는 더욱 무섭다. 파티션 너머로 하루 종일 컴퓨터 자판 소리만 들린다면? 직장편 호러물이 따로 없다.

서양속담에서 '웅변은 은이요, 침묵은 금이다(Speech is silver, Slience is gold)'라고 했고, 그리스의 역사가이자 비평가였던 디오니시스도 '침묵보다 나은 말을 할 자신이 없으면 침묵하라(Let they speech better than slience, or be silence)'라고 했는데 이 말들은 이제 시대착오적이라는 비판을 받아야 할 것 같다.

현대사회에서는 가만히 있으면 중간도 못 가니 가급적 표현해라. 이는 곧 자신감의 발로이다. 볼품없는 물건도 그럴싸한 마케팅이나 홍보를 해야 효과를 본다. 반면 아두리 질 좋은 물건도 침묵하여 알리지 않는다면 진열대의 한구석을 조용히 차지하고 만다.

침묵을 똥같이 여겨야 한다. 똥 같은 침묵을 고이 간직하는 것은 뱃속에 숙변만 채울 뿐이다. 바쁘더라도 문자가 오면 '잠만(잠깐만)', 'ㅅㅅ', '웅', 'ㅋㅋ' 등 이렇게 작은 답변이라도 해서 침묵을 깨뜨려라.

잘난 척도 전략이다

할리우드 블록버스터 영화에는 미국의 '잘난 척 법칙'이 숨어있다.

첫째, 멸망해 가는 지구를 지키는 일에는 꼭 미국이 앞장선다.

둘째, 평범한 주인공 한 명이 영웅이 되어 북 치고 장구 치고 이리 뛰고 저리 뛰며 커다란 위기에 맞선다.

셋째, 절대 절명의 어려운 문제는 미국의 주축하에 해결이 된다.

화려한 그래픽과 웅장한 스케일에 교묘하게 가려져있는 이런 법칙들은 영화 관람 내내 짜증을 유발한다. 단순히 스토리 전개만 보고 있노라면 좀 너무한다 싶을 정도로 잘난 척 수위가 높다.

그러나 이런 잘난 척도 전략이고 의도된 설정이다. 미국이 앞으로도 계속 세계의 중심적 역할을 할 것이라는 예측에 의심을 사고 있지만, 적어도 영화에서 만큼은 유치찬란하게 자신들의 자존심을 세우려고 노력하고 있는 것이다.

할리우드 영화를 보고 그저 '잘났어. 정말!'이라고 할 것이 아니라 배워야 한다. 기본도 안 되어 있는 영화에 그런 메시지가 들어있다면 그야말로 졸작에 그칠 수 있지만, 잘난 척을 용서해 줄 만한 화면(대단한 CG 기술 등)이 있으면 그 잘난 척은 큰 홍보가 될 수 있기 때문이다.

작지만 강한 우리나라에도 최고의 역량을 가진 분야들이 있다. 세계가 인정하는 1등 기술, 1등 제품, 1등 인재는 뻔한 미국의 영화 속 잘난 척 마인드처럼 전략적으로 포장할 필요가 있다. 잘난 척은 자화자찬, 자기도취가 아닌 정당한 자기 PR이다. 잘난 척을 부정적으로 받아드릴 것이 아니라, 이를 적극적으로 활용해야 한다. 잘난 척을 해서라도 나를 알려야 좋은 결과를 기대할 수 있다.

실력이 비슷한 컴퓨터의 달인 두 명이 있다고 가정하자. 한 사람은 조용히 묵묵히 일하는 스타일이고, 한 사람은 외향적이라 자신의 실력을 떠벌리고 다닌다. 일감이 후자에게 더 많이 돌아가는 것은 당연한 시장의 법칙이다. 남들이 내 실력을 모르는데, 혼자만 실력이 있으면 뭐하는가? 아무도 불러주지 않는데. 실력이 비슷하다면 조금이라도 아는 척,

잘난 척하는 사람이 성공할 가능성이 더 높다.

전략적으로 잘난 척을 하자. 입사 면접에 가서도 자신을 잘 포장하여 한껏 과시하고, 프레젠테이션에서도 당당한 모습으로 승부를 걸자. 맘에 드는 사람에게는 그가 좋아하는 분야의 잘난 척으로 점수를 따보자. 당당하고 자신감 있게 잘난 척한다면 주변 사람들이 냉소적인 시선만을 던지지 않는다.

단 전략적 잘난 척에는 조건이 있다. 남들이 인정할 만한 역량이 뒷받침 되어야 한다. 면접에서는 잘난 척을 받쳐줄 만한 스펙이, 프레젠테이션에서는 남들이 따라올 수 없는 그 분야의 전문지식이, 미팅에서는 잘난 척에 신뢰를 받을 만한 호감요소가 있어야 한다. 근거 없는 잘난 척은 금물이다. 이는 허세다.

할리우드 영화에 매번 등장하는 미국의 잘난 척에 우리는 식상해 한다. 하지만 그럼에도 불구하고 관객들은 영화관을 메우고 있다. 때로는 건전한 범위 내에서 잘난 척을 즐겨보자.

포커페이스는 곧 들통 난다

도박에서 돈을 따려면 내 패를 상대에게 읽히지 않도록 포커페이스를 유지해야 한다. 그러나 포커페이스는 요즘 통하지 않는다. 당연히 포커페이스를 할 것이라는 생각에 상대가 더욱 철저하게 대응하기 때문이다. 오히려 좋은 패가 들어오면 기분 좋은 표정을 짓고, 나쁜 패가 들어오면 인상을 쓰는 액면페이스로 승부를 해야 상대를 헷갈리게 하여 성공할 수 있다.

많은 사람들이 포커페이스로 본심을 감추며 살아간다. 그래서 사람들은 포커페이스에 염증을 느낀다. 겉으로는 청렴한 척하면서 뇌물수수로 구속된 정치인들 보면서 안됐다고 생각하는 사람은 없다. 그들의 포커페이스에 대부분 '그럼, 그렇지' 하는 반응들이다. 공약에 100% 속는

유권자들 또한 가까운 친지밖에 없을 것이다. 이렇듯 포커페이스는 우리 사회 저변에 이미 들통 난 가면이다.

또한 '양면성'이라는 포커페이스의 단점 때문에라도 이를 전혀 권장하고 싶지 않다. 좋지만 싫은 척, 싫지만 좋은 척 심지어 겉으로는 선한 척하지만 뒤에서 악의 축대를 쌓고 있는 포커페이스는 인간관계를 멍들게 한다.

감정을 감추지 말고 쿨하게 액면페이스로 가도록 하자. 미팅에서 마음에 들지 않는 파트너가 나오면 억지로 데이트하지 말고 얼굴에 어느 정도 의사를 표현하자. 전혀 존경심도 없는 상사에게 맘에도 없는 아부를 하며 맞추는 것보다 자신의 입장을 분명히 하자. 처음에 포커페이스로 위장했다가 나중에 들통 나면 더 큰 화를 입는다. 자신의 감정에 좀 더 솔직해지도록 하자. 포커페이스는 진짜 포커판에서만 한두 번 써먹도록 해야 한다.

스스로 멘토가 되어라

〈오디세이아(Odyssey)〉에 나오는 오디세우스의 충실한 조언자 '멘토'와 같은 사람이 나에게도 있다면 얼마나 좋을까? 그러나 현실에서 진정한 멘토를 만나는 것은 지극히 어려운 일일 것 같다. 갈수록 각박한 세상에 사는 현대인은 자기 한 몸 건사하기에도 힘에 부치기 때문이다. 멘토가 없어서 힘들다는 핑계 대지 말고, 혼자서 씩씩하게 나아가라.

아버지와 아들이 목욕탕에 가서 아버지가 뜨거운 탕이 뜨겁지 않다고 들어오라고 하자, 아들이 첨벙 탕에 몸을 담갔다가 괴로워하며 '세상에 믿을 사람 아무도 없네'라는 유머가 왠지 유머 같지 않다. 친척 또는 친지 간에도 멘토와 같은 정은 기대하기 어렵다. 쉽게 생각해 보자. 나와 절친한 친구의 자식을 정말 조건 없이 아무런 보상도 받지 않고, 직접

최고의 교육을 시키며 몇 년이고 돌봐줄 수 있겠는가?

진정한 멘토는 없다. 모두 적절한 이해관계에 의해 '멘토'인 척, 또는 표면적으로만 '멘토' 역할을 해주고 있는 것이다. 공연한 평가절하라고 필자를 비난할 수 있겠지만, 적어도 순수한 멘토링은 드물다. 무늬만 화려한 가짜 멘토들이 더 판을 친다. 이러한 가짜 멘토에게 기대했다가 받는 상실감은 더 클 수밖에 없다.

필자에게도 한때 멘토라고 생각한 사람이 있었다. 필자보다 먼저 기업 컨설턴트로 활약하던 선배였는데 필자가 풋내기 강사 시절부터 먼저 찾아와 늘 친절하고 자상하게 조언을 해주어 무척 고마움을 느꼈다. 함께 사무실을 쓰는 친밀한 관계로까지 발전했었다. 그런데 필자의 일이 궤도에 오르면서 그는 변해갔다. 자신보다 일이 많음에 은근한 질투심을 보였고, 필자의 자료 공유를 요구하는 등 업계 선배로서의 품위를 잃어갔다. 그때 필자는 '진정한 멘토는 없다'는 것을 느꼈다. 그 이후로 자만심일 수도 있겠지만 누구를 멘토로 삼지도 않고 멘토 대행 역할이라도 맡으려 하지 않는다.

섣부른 멘토의 출연에 대해서는 경계심을 늦추지 말고, 철저하게 나 자신이 멘토가 되어 혼자 있는 연습을 해야 한다. 따지고 보면 내 인생은 내가 주도적으로 이끌어 나가야 하기에 멘토에게 의존할 필요도 시시콜콜 남에게 가르침을 받아야 할 의무도 없다. 필요할 때 내가 나 자신에게 묻고 답하며 내가 직접 지도하고 조언하고 상담하고 가르치면 된다. 이는 우물 안의 개구리와는 다르다.

멘토를 꼭 만들고 싶다면 간접 멘토를 설정해 보길 권한다. 일종의 '롤 모델(Role model)' 같은 것이다. 그들의 삶을 본보기 삼아 바라는 그가 되려고 노력하면 된다. 멘토는 나타나지 않을 것이다. 스스로 멘토가 되어 이제부터 무엇을 어떻게 할 것인가를 고민하도록 하자. 인생의 가장 큰 조언자는 바로 나 자신이다.

누구나 아침형 인간이 될 수 있는 것은 아니다

한때 '아침형 인간' 붐이 일어난 적이 있었다. 책 한 권이 일약 베스트셀러가 되면서 너도나도 아침에 일찍 일어나 생활의 활력을 찾고, 그 시간을 활용해 자기계발을 해야 될 것 같았다. 당시 사회 전체가 떠들썩했으나, 지금 아침형 인간에 대한 평가결과는 겨우 낙제를 면한 수준인 듯하다.

애초부터 아침형 인간과는 거리가 먼 사람에게는 '새벽 기상'은 너무 어려운 과제이다. 저녁형 인간이나 특히 심야형 인간에게는 아침에 일찍 일어나는 것 자체가 거의 죽음이기도 하다. 따라서 자신의 바이오리듬과 상황에 맞게 적절한 시간 관리를 해야 한다.

트렌드를 따라 아침형 인간이 되겠다고 결심하고 실천하다가 힘들어서 끝내 자포자기한 사람 참 많이 봤다. 며칠 아침 일과를 만들고 나서 오후에 졸음이 밀려와 업무어 집중이 되지 않는다고 하소연하는 사람들도 있다. 노인도 아니고, 이른 아침과 담쌓은 사람들에게 아침형 인간이 되라고 하는 것 자체가 모순이다.

우리나라 굴지의 어느 대기업도 '조기출근제'를 실시하여 직원들에게 아침형 인간이 되도록 강조했지만, 시간이 흐른 뒤 은근슬쩍 제도를 바꾸고 말았다. 지금은 경영자와 임원들이 아침에 일찍 출근해서 조용히 회의를 진행하는 형태로 부분 수정을 했다고 한다.

필자도 아침형 인간과는 거리가 멀다. 밤늦게까지 자료 찾기, 강의 준비하는 게 습관이 된지라 주요 일정을 제외하고는 아침에 가급적 늦게 일어난다. 밤에는 길게 조용히 일할 시간이 많아서 좋다. 어쩌다 일찍 아침을 활용해야 하는 날은 몸이 천근만근이다.

아마 대부분의 직장인들도 그럴 것이다. 밤 세워 보고서를 쓰거나 지친 일과 뒤에 맥주 한잔하며 스트레스를 푸는 것에 익숙해져 있다. 먹고 살기 힘들었던 부모님 세대는 아침 일찍부터 어쩔 수 없이 일을 할 수밖에 없었다. 이런 오래된 잣대를 현실에 그대로 대입해서는 안 된다.

아침형 인간이 성공한다는 편견도 벗어던져야 한다. 흔히 성공한 사람들은 '아침형 인간'으로 비춰지는데, 사실 그들은 '아침형 인간'이 아니라 '아침저녁형 인간', 즉 '독종형 인간'이라고 보아야 한다. 꿈을 이루기

위해 밤낮없이 정진한 사람들이기 때문이다.

일찍 일어나는 새가 먹이를 빨리 찾을 수도 있지만, 거꾸로 큰 새에게 공격당하거나 빨리 잡아먹힐 수도 있다.

'가장 아름다운 시간은 동틀 무렵이다'는 말과 '새벽을 열고 활동해야 인생을 참맛을 안다'는 말은 아침형 인간이 체질적으로 맞지 않는 사람들에게는 전혀 논리적 근거를 주지 못하는 부담스러운 표현이다.

중장기 계획은 세우지 마라

연초가 되면 모두들 부푼 가슴을 안고 거창한 한 해 설계를 한다. 새로운 변화, 새로운 출발을 향한 계획은 꼭 필요하고 중요한 일이다. 그러나 긴 한 해 설계는 하지 않도록 하자. 중장기 계획은 언제나 무리수가 뒤따르고 욕심만 앞서게 된다. 그러다 보니 뜬구름 잡는 계획만 남발한다.

한치 앞도 예측하기 힘든 것이 인생이고 짧게는 하루에도 무수한 변수가 존재하는데 과연 중장기 계획이 얼마나 큰 의미가 있을까? 중장기 계획보다는 단기계획, 단타계획을 세워보자. 하루계획, 주간계획, 월간계획 등이 좀 길어진다면 분기계획 정도가 어떨까 싶다. 우리가 연초에 누구를 만나 약속을 할 때 "올해 가기 전에 한번 보자" 이렇게 말하는 사람은 없다. 그 말은 신뢰감이 없다. "우리 언제 한번 밥 먹자"라는 말도

모호한 말이다. "다음 주 목요일에 만나자" 이렇게 해야 신뢰감이 있다. 이렇듯 중장기 계획보다 단기 계획에 더 믿음이 간다.

　정부나 기업도 연초에 각종 계획을 세우느라 분주하다. 중장기 청사진을 그럴듯하게 제시한다. 하지만 매년 각종 이슈가 있을 때마다 수정 보완을 한다. 이처럼 중장기 계획은 큰 그림으로서는 가치가 있으나, 뜨거운 추진제가 되지 못한다.

　결국 계획은 방망이를 짧게 잡고 알차게 단타를 쳐야한다. 홈런을 치겠다는 것보다는 안타를 자주 쳐서 진루를 잘해야 팬들이 더 좋아한다. 아침에 일어났을 때 '오늘은 기필코 뭘 해야지!', '이번 주에는 꼭 이 책을 읽어야지!', '이번 달에는 꼭 ○○○를 만나야지!'라는 단기 실행 패키지 상품을 만들어 움직여 보자. 재미도 있고 성취감도 있을 것이다.

　중장기 계획은 지키지 못할 경우 패널티가 없다는 것이 맹점이어서 실행해 내기란 불가능하다. 대부분 계획 중간에 흐지부지되거나 포기하게 된다. 그 긴 시간 동안 계획을 달성 못하면 막대한 벌금을 낸다든지 자격이 소멸되는 것도 아니기 때문에 연거푸 수정만 하다가 끝이 나는 것이다.

　예를 들어 모 지자체에서 부동산 경기가 활황일 때 지역 경제를 활성화하기 위해 중장기적으로 초대형 빌딩과 대규모 테마타운 건설사업을 계획했다.

그러나 몇 년 후, 부동산이 툴황의 늪에 빠지면서 사업은 대폭 축소 조정되고 유야무야되기에 이르렀다. 막연한 중장기 청사진만 찍은 결과다.

우리는 연초마다 대단한 계획을 세우고 못 지키며 무기력하게 살다가, 또 해가 넘어갈 때 다시 걸쭉한 계획을 하고 또 해를 넘기며 아쉬워하는 악순환만 되풀이 하고 있다.

단기에 충실하며 살자. 매월 일정한 월급을 꼬박 받는 게 낫고 어떤 때는 하루하루 일수 찍는 재미도 있는 것이다. 계단의 끝을 보지 말고 눈앞의 한 계단만을 보고 차곡차곡 올라가야 한다. 급변하는 다내외 환경은 우리들에게 3년, 5년, 10년 중장기 계획을 검토할 여유를 주지 않는다.

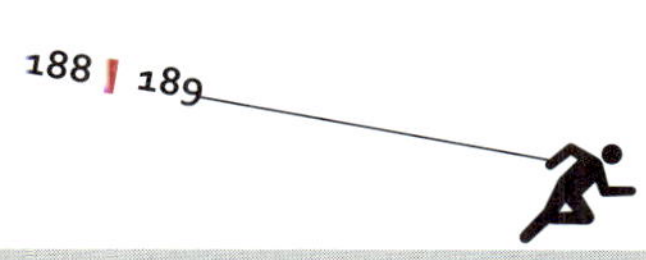

사소한 것을 소중히 여겨라

알고 있는가? 현재 천문학적 금액의 브랜드 가치를 지닌 세계적인 스포츠 브랜드 '나이키' 로고는 한때 셋방 사는 가난한 디자이너가 고작 30달러에 주인집에 팔아넘긴 디자인이라는 것을. 1954년 레이 크록은 맥도날드 형제를 설득하여 M마크와 상호에 대한 전세계 체인망 소유권을 단돈 950달러에 사들였다는 사실을. 재주는 곰이 부리고 돈은 다른 사람이 번 것이다. 아무리 사소하다고 해도 내가 가진 것을 절대 하찮은 것으로 여겨서는 안된다.

3M의 '포스트 잇' 발명 또한 사소한 것에서 시작되었다. 찬송가집에 책갈피로 표시해둔 종이가 자꾸 바람에 날려가는 바람에 이를 붙였다 쉽게 뗄 수 없나를 생각하다가 접착제를 만드는 친구와 손을 잡고(그 친

구의 접착제 사업은 아이러니하게 접착력이 약해 고전을 면치 못하고 있었다) 전 세계적인 신화를 창출해냈다.

십자드라이버도 일자드라이버로 돌리는 과정에서 자꾸 빗나가자 간단히 홈을 파는 것에서 탄생이 되었다. 회사 기밀이 아무렇게나 버려지면 어떻게 하나 하는 작은 고민에서 파쇄기가 구상되었다.

사소한 것들이 뭉치고 지속되면 무서운 힘을 발휘하기도 한다. 일개 딱정벌레들이 뭉쳐서 로키산맥의 400년이나 되는 거목을 쓰러뜨린 것이 한 예이다.

정보 또한 사소한 정보가 알짜배기 정보가 될 수 있다. 가령 쉴 새 없이 우는 아이의 울음을 어떻게 하면 그치게 할 수 있을까? 곶감은 옛말이요, 장난감은 반응이 상대적이다. 과학적으로 진공청소기 소리를 들려주어 그치게 한다.

사소한 생활의 지혜도 많다. 꼭지 달린 사과, 물에 뜨는 참외가 더 맛있다. 청국장이 다이어트에 효과가 있다는 사실을 아는 사람은 흔치 않다. 사소하지만 중요한 정보만을 모아서 소개하여 인기를 얻은 TV프로그램도 히트를 쳤다. 그러니 일상에서의 사소한 것들에 관심을 가져보자. 사소한 것이라고 홀대했다가는 넝쿨째 굴러 온 호박을 놓치게 되고 만다.

구글 모토로라 인수합병(M&A)의 주역인 현재 구글 부사장 앤디 루

빈은 2004년 안드로이드 핸드폰 운영체제를 들고 삼성전자를 찾아갔다가 퇴짜를 당하고, 구글 래리 페이지 사장에게 발탁되었다. 그후 2007년에는 LG전자를 찾아갔지만 거절당해 최초 안드로이드 운영체제는 대만 HTC사에 탑재가 되었다. 아마 우리나라 기업이 초창기에 이를 사소한 것이라고 여기지 않고 그 가치를 미리 알았더라면 휴대폰 산업의 역사가 달라졌을 것이다.

중국의 대기업 '하이얼 전자' 장즈미 회장은 세탁기에 대한 불만을 토로하는 일부 농민들의 이야기에 귀를 기울였다. 일반 세탁기에 농민들이 고구마를 넣어서 세척하는데 배수구가 껍질에 자주 막힌다는 어쩌면 다소 사소하고도 어이없는 클레임이었다. 그러나 그는 농민들을 위한 일명 '고구마 세탁기'를 개발했다. 세탁기는 1만대 이상 팔려나갔다.

사소한 것이 화(禍)를 미치기도 하고, 화(和)를 가져오기도 한다. 보고서를 작성할 때 사소한 오탈자 하나 때문에 못된 상사에게 한 시간 동안 혼난 적이 있지 않던가? 유난히 빨간색을 좋아하는 해병대 출신 상사에게 파워포인트 슬라이드를 빨갛게 도배하여 칭찬받은 사원은 분명 센스가 있다. 숨어있는 1인치와 같은 사소한 것들을 더 잘 챙겨보자.

아니꼬우면 힘을 키워라

필자가 대기업이라는 울타리를 박차고 나와 프리랜서 강사로 독립을 선언했을 때 세상은 호락호락하지 않았다. 모 은행에서는 직장의료보험이 안 되니 카드 발급에 망설였고, 강의를 연결해 주는 어느 컨설팅사는 강의 경험이 없다는 이유만으로 강의 의뢰에 무척이나 신중한 표정이 역력했다. 풋내기라도 대기업 직원과 꿈 많은 프리랜서 강사를 바라보는 의식의 차이는 너무나 컸고, 처음 몇 개월간은 이루 말할 수 없는 서운함과 한편으로 화가 났다.

그러나 그로부터 몇 년 후 나는 통쾌하게 복수했다. 카드 발급을 꺼려한 은행에서는 추석명절이라고 선물세트를 보내고, 강의 의뢰를 망설였던 컨설팅사는 수시로 전화해서 스케줄을 묻는다. 그들은 물론 애송

이 강사시절 처절했던 나의 속내를 알지 못한다.

아니꼽고 치사하다고 좌절하거나 주눅이 들면 안 된다. 그럴수록 더욱 힘을 키워 맞대응해야 한다. 올림픽에서 수영으로 금메달을 무려 32개나 딸 수 있다. 하지만 양궁에서 딸 수 있는 금메달은 남녀 개인전과 단체전 4개에 불과하다. 기득권이 있는 강대국의 횡포다. 아마 미국이 우리나라 버금가게 양궁실력이 탁월하다면 육상이나 수영처럼 거리별, 조건별로 나누어 메달을 몇 십 개로 늘였을 것이다.

경기 판정에서도 그렇다. 고의든 실수든 심판의 오심으로 금메달을 빼앗긴 선수와 함께 울분을 삼키며 "도대체 이런 말도 안 되는 판정이 어디 있어?", "이런 나쁜 놈들!" 하고 불평하면 무슨 소용이 있겠는가? 그 상황을 뒤집을 백그라운드와 힘이 없는 걸. 결론은 하나다. 억울하면 실력과 힘을 키워라. 탁월한 실력과 역량만큼 당당함을 주는 것도 없다.

오심의 여지를 남기지 않도록 작은 점수 차가 아니라 큰 점수 차로 상대방을 따돌리면 되는 것이다. 서서히 힘을 키워 주변의 시끄러움을 잠재워 버리자. 어리석은 사람은 스스로 약한 것을 한탄하고 현실 탓만 한다. 더욱 어리석은 사람은 뒤에서 남을 비난하는 사람이다. 억울하면 칼을 갈아서 때를 기다렸다가 선의의 복수를 해야 한다. 상사의 괴롭힘에 살기 힘들면 힘을 키워 그 위치에 가서는 부하직원들을 괴롭히지 않으면 되고, 동료와 실적이 비슷하여 신경전을 벌이다 승진할 것이 아니라 월등한 실적으로 따돌리면 되고, 작은 이해관계가 얽혀서 갈등이 일어나기 전에 이해득실을 따지지 못할 정도로 크게 격차를 벌리면 된다.

　물론 쉽지 않은 이야기지만, 그래야 치사한 세상에서 경쟁력을 갖출 수 있다. 경제적 힘을 키워야 외인들에게 주식이 농락당하지도 않고, 군사력을 키워야 한반도 긴장감에 대응할 수 있고, 정치적 입김이 세야 일본의 더 이상 독도에 대한 망언도 나오지 않게 된다. 현실을 비판만 할 것이 아니라 언젠가는 이 현실을 극복할 수 있다고 믿고 노력해라. 아니꼬우면 힘을 키워 성공하는 수밖에 없다.

긍정에 대한 생각 다듬기

삶이 그대를 속이면 노여워하라

삶이 그대를 속일지라도 노여워하지 마라.
슬픔이 시간이 지나면 곧 기쁨의 순간이 찾아올지니.

한때 정신적 위로를 삼았던 러시아 시인 푸시킨의 시 한 구절이다. 그러나 결론부터 이야기하면 지금 이 시는 그다지 감동스럽지 않다. 상대적일 수 있지만, 푸시킨의 시 속에 담긴 심상은 애써 현실의 어려움을 위로하고 긍정적 신념을 심어주려는 자기 방어기제에 불과하다고 생각한다.

삶이 지독히 힘들고 나를 배신하는데 노여워 말고 참으라니! 시간이 가면 노여움의 나사가 자동으로 풀려 뼈아픈 과거가 아름다운 추억이 될 수 있단 말인가? 참고 또 참다가는 울화통이 터지고 급기야 화병에

걸린다. 억울함과 분을 참다보면 가슴속에 한만 쌓인다.

역발상으로 세상이 나를 속이면 굳세게 맞서야 한다. 세상에 별별 사기꾼이 난무하고 있다 보니 노여워하지 않는 착한 사람들이 늘 당하기만 하는 것이다. 참는 자에게 복이 있다고 하지만 이 또한 웃기는 소리! 참는 자일수록 박복(薄福)하다.

우리는 현실을 직시하고 능동적으로 대처해 나갈 필요가 있다. 대접만 받고 어려운 일은 후배에게 다 돌리는 선배, 단물만 빼먹으려고 하는 친구 등. 분노에는 적절한 표현과 통제가 이루어져야 한다. 지나치지 않는 범위 내에서 나의 희로애락을 표현할 줄 알아야 한다. 그래야 나를 속이려고 하는 나쁜 이들의 진입 장벽을 높일 수 있다. 또 화를 다스릴 줄도 알아야 하지만 적당히 표출해낼 줄 알아야 스트레스를 줄일 수 있다. 속으로 삭히려고만 하면 노여움이 최고조에 이르러 극단적인 행동으로 터져 나올 수 있다.

과거에는 어떤 배우자를 만나든 정 때문에 자식 때문에 평생 고통을 감내하며 살았지만, 요즘은 개인의 행복을 더 우선시하는 사회 분위기로 바뀌어가고 있다. 삶에 대한 반항을 인정해 주는 풍조가 형성된 것이다.

삶이 노여울 때는 적절한 경로를 통해서 불평불만을 토로하도록 하자. 정말 화가 날 때에는 화내야 한다. 적당한 분노의 기술이 필요할 때다.

누구에게나 푸어(poor)가 있다

요즘 푸어(poor)가 많이 등장하고 있다. 무리한 대출을 받아서 집을 샀는데 부동산 폭락으로 이른바 깡통 아파트를 소유한 하우스 푸어(house poor)가 대표적이다.

교육비에 허덕이는 '에듀 푸어'도 있고, 이미 연금이 고갈된 '실버 푸어', 휴지주식을 소유한 '스톡 푸어', 결혼과 아이들 때문에 고민하는 '웨딩 푸어', '베이비 푸어'도 있다. 이렇게 따지면 '푸어'에도 해당하지 않는 사람은 아무도 없을 것 같다.

수조 원대의 자산을 소유한 대기업 회장들은 푸어가 아닐 것 같다고 항변할지 모른다. 돈으로 웬만한 것은 조달이 가능한 세상이니까. 그러나 내심 그들도 골치 아픈 푸어가 하나 이상은 있다. 자식이 속을 썪이

는 '자녀 푸어', 신규 투자한 사업이 실패하여 다른 곳에서 번 돈으로 메꾸는 '신사업 푸어', 건강이 따라주지 않는 '헬스 푸어' 등 조사해 보면 각종 푸어 덩어리들이 쏟아질 것이다.

무소불위의 권력을 휘두르는 영향력 있는 사람들도 푸어에서 자유롭지 못하다. 그들은 정서가 메마른 '감정 푸어'일 수 있다.

철학자 소크라테스도 표독스런 아내 때문에 늘 스트레스를 받고 힘들어 하는 '와이프 푸어'였다. 이라크 전에서 큰 무공을 세운 해병대 장군도 CNN뉴스에서 계속 NG를 냈는데 알고 보니 카메라 공포증이 있는 '매스컴 푸어'였다. 필자도 친구에게 돈을 빌려 주었다가 떼이는 바람에 돈도 잃고 친구도 잃어 일부지만 '프렌드 푸어'가 되었다.

이렇듯 세상이 온통 남녀노소, 지위고하 막론하고 푸어 천지인데 나만 빈곤하다고 푸념할 필요가 없다. 푸어를 겸허하게 받아들이고 용기 있게 이를 극복하려고 노력해야 한다.

일상의 작은 행복이 심신을 지치게 하는 푸어에서 오는 스트레스를 줄여줄 수 있다.

왜 이럴 때 기분이 좋지 않은가? 치킨과 맥주를 먹으며 좋아하는 경기를 관람할 때, 붐비는 주차장에서 운 좋게 공간을 발견했을 때, 회사에 지각했는데 마침 직속상사가 출타 중이었을 때, 외투주머니에서 생각지도 못한 지폐를 발견하거나 백화점이나 마트에서 꼭 사고 싶은 하나

남은 물건을 구입했을 때 말이다.

모든 것을 다 가진 것처럼 보여도 누구에게나 한 가지씩은 결핍되어 있다. 우리가 하고 있는 일도 그렇다. 아무리 좋은 일에도 나쁜 일 하나는 따라오며, 아무리 나쁜 일에도 좋은 일 하나는 따라오게 마련이다. 푸어를 불쌍한 시각이 아닌 당연한 시각으로 바라보자.

하나씩 포기할 때마다 행복해진다

• 직장인 A씨는 평소 잘 알고 지내던 지인에게 거금을 투자했다가 사기를 당하고 말았다. A씨는 종적을 감춘 상대방의 행방을 찾기 위해 몇 년 동안 마음고생을 했는데, 결국 돈도 받지 못하고 화병으로 건강까지 잃었다.

• 올해로 대학을 졸업한지 7년째 접어드는 B씨는 아직도 사법고시 준비 중이다. 매년 시험에서 고배를 마시지만, 그는 이제 다른 그 어떠한 것도 시작할 용기가 없다. 오늘도 그는 도시락을 싸들고 도서관으로 향한다.

• 출중한 외모의 C양은 남자들에게 인기가 많다. 그러나 정작 프로포즈를 하는 애인이 없다. C양은 한 남자를 만나면서 전 남자와의 관계를 깨끗하게 청산하지 못하는 편이다. 헤어지지도 제대로 사귀지도 못하는 성향 때문에 그녀는 서른을 훌쩍 넘기도록 솔로 아닌 솔로다.

위 세 사람의 공통점은 무엇일까? 스스로 포기하지 못한다는 것이다. A씨는 돈에 대한 포기를, B씨는 일에 대한 포기를, C양은 사랑에 대한 포기를 못하여 A는 건강을 잃었고, B는 시간을 잃었고, C는 진심을 잃게 되었다.

많은 자기계발서에서 '포기하지 않는 인생을 살아라', '될 때까지 하라'고 목청을 높이는데, 개 풀 뜯어먹는 소리라고 항변하고 싶다. 포기는 빠를수록 좋고, 적절한 포기는 오히려 행복해질 수 있다.

골치 아프고, 신경 쓰이고, 망설여지는 것들을 하나하나 내려놓도록 하자. 지금 내가 움켜쥐고 있는 밧줄을 놓아야 한다. 그래야 새로운 밧줄을 잡을 수 있다. 사실 포기하는 것이 지속하는 것보다 더 어렵다.

그래도 비우고 내려놓아야 한다. 적절한 포기와 비움이 유일한 솔루션이다. 조선시대 거상 임상옥이 가지고 있었다는 '계영배(械盈杯)'. 술이 일정한 한도에 차오르면 새어나가도록 만든 잔이다. 우리 인생살이도 때론 계영배처럼 포기의 수위를 조절해야 한다.

떼인 돈에 대한 미련을 버리고 속 시원히 마음을 추스른 사람들, 수 년간 죽어도 안 되는 고시공부를 포기하고 다른 일을 찾은 사람들, 긴 가민가한 인연을 포기하고 다른 좋은 인연을 찾아 나선 사람들은 아마 지금 행복할 것이다. 진작 포기하지 않아서 행복감을 뒤늦게 찾은 것을 더 아쉬워 할 것이다.

옷장의 옷은 버릴수록 입을 옷이 많아진다. 많이 버린 만큼 옷의 위치를 정확히 파악할 수 있고, 유행에 맞게 새 옷을 사기 때문이다. 포기하면 할수록 우리는 행복해질 수 있다. 포기했다가 충전해 다시 시작하면 된다.

굳이 찾을 것이 없다면 돌아보지 말자

좋은 추억이든 좋지 않은 추억이든 과거는 현실에서 중요한 변수가 되지 않는다. 한때 잘나갔던 과거를 떠올려본들 무슨 소용이 있고, 과거 잘못한 행적에 대해 뼈저리게 후회한들 지금 무엇을 바꿀 수 있을까? 오히려 잘났던 과거는 현실의 초라함만 더 일깨우고, 후회스런 과거는 트라우마만 더 뚜렷이 남긴다. 과거는 과거일 뿐이다. 덮을 것은 덮고 묻을 것은 적당히 묻고 가야 한다.

타인의 과거를 들추는 일도 멈추어야 한다. 네티즌들은 연예인들의 과거를 추적하는데 시간을 투자하고, 정치인들은 상대방의 지난 오점을 찾기 위해 비장함을 보이기까지 하는데 이는 지극히 소모적인 행동이다. 치명적인 도덕적 결함이 있는 과거라면 이야기가 달라지지만, 과거의 불

편한 진실은 현재의 노력과 역량을 감안하여 면죄부를 주어야 한다.

지나친 과거사 규명은 앞으로 나아가지 못하게 한다. 결혼 전 과거이야기를 자꾸 들추면 서로 신경 쓰다 병나고 가정만 파탄난다. 또 과거 사업에 실패한 사람들 중에 재기에 성공한 사람들은 극소수에 불과하다고 한다. 실패했던 기억이 족쇄가 되어 방황하는 현실을 한탄하기 때문이다. 잘나가다가 1차적으로 큰 피해를 입었다면 이후의 2차, 3차 피해로 연결되지 않도록 노력해야 하는데, 후유증 때문에 추가적인 피해를 보는 것이다.

초라했던 과거든 화려했던 과거든 굳이 찾을 것이 없다면 잊어라. 빛나는 과거는 추억으로만 기억하고, 떳떳하지 못한 과거가 있다면 발분하여 보상하면 된다.

아이들이 즐겨 보는 '쿵푸팬더'라는 애니매이션에 등장하는 스님이 이런 멋진 말을 남겼다.

"과거는 'History'요, 미래는 'Mystery', 현재는 'Present'라고."

지나간 것은 역사로서만 인식하고, 미래는 불투명하니 좇지 말 것이며, 순간순간 주어지는 오늘이라는 선물만 잘 챙기도록 하자. 무엇을 하고 살아왔느냐가 아니라 어떻게 살 것 인가가 중요한 것이다.

문득 뮤지컬 '빨래'의 주제곡이 떠오른다.

'얼룩 같은 어제를 지우고,

먼지 같은 오늘을 털어내고,

주름진 내일을 다려요.

잘 다려진 내일을 걸치고 오늘을 살아요.'

배고플 때 불의와 타협하지 마라

　사자는 아무리 배가 고파도 다른 동물이 먹다 남긴 고기나 썩은 고기는 먹지 않는다고 한다. 장차 큰일을 도모하고 자신의 발전을 기대한다면 배고픈 시기일수록 더욱 절제하고 컨트롤할 줄 알아야 한다. 그 시기에 불의와 손을 잡은 행동은 부메랑이 되어 돌아와 자신의 목줄을 죌수 있기 때문이다.

　중요한 요직에서 국가의 부름을 받는 잘나가는 후보자들도 한때 정의롭지 못한 처세가 화근이 되어 인사청문회를 통과하지 못하고 결격사유 통보를 받는다. 배고픈 시절에 유혹을 거절하지 못하고 검은 돈을 받았거나, 탈세나 비리를 눈감아 주거나, 법을 어기고 편법에 동조하여 크고 작은 안일한 불의의 길을 밟았던 죗값을 결국 치르게 되는 것이다.

차라리 그때 험난하지만 정의의 길을 걸었다면 하는 아쉬움을 피력해봐야 이미 버스는 떠난지 오래다.

연예인들도 의도적으로 병역을 기피하다가 발각되어 인기에 치명적인 위기를 맞이하는가 하면, 과거 부적절한 영화에 출연한 이력이 들통 나 곤욕을 치르는 경우가 허다하다. 모두들 배고픈 시절의 정도를 넘어선 행동으로 발목을 붙잡히고 만 것이다.

요즘 취업이 힘들고, 먹고살기 힘들다는 이유로 유흥업소에 취업하거나 신약개발 마루타 등이 되는 대학생들이 있어 안타깝다. 행여 그들이 성공했을 때 정의롭지 못한 과거가 족쇄가 되지 않을지, 건강이 문제가 되지 않을지. 배고플 때일수록 내 몸을 더욱 소중히 챙겨야 한다. 만 원짜리 지폐가 구겨졌다고 천 원의 가치를 가지고 있는 것은 아니다. 자신의 가치를 평가 절하하지 말자.

사필귀정(事必歸正), 권선징악(勸善懲惡)은 불변의 진리이다. 허기를 대신 다른 것으로 달래보자. ‘개처럼 날기 위해서는 닭과 싸우지 말라’라는 속담이 있다. 아무리 힘들고 어렵더라도 불의와 손을 잡아서는 안 된다. 그럴수록, 그럼에도 불구하고 정의로움을 사수해야 한다.

위기는 호기를 부른다

수확을 앞두고 폭풍 때문에 사과 농사를 그해 모두 망쳤다. 모두들 절망에 빠져있을 때 한 농부는 번뜩이는 아이디어를 하나 냈다. 폭풍에 살아남은 사과에 절대로 떨어지지 않는다는 의미를 부여해 '합격사과'라는 이름을 붙여 수험생들을 공략했다. 결과는 대박이었다.

트럭을 몰고 다니며 바나나를 파는 사람이 있었다. 바나나가 잘 팔리지 않는 데다가 날씨까지 더워 걱정이 이만저만이 아니었다. 고민 끝에 그는 기발한 아이디어로 위기를 호기로 전환시켰다. 원숭이를 바나나 더미에 올려놓고 재주를 부리게 하여 손님들의 호기심을 자극했다. 트럭이 가는 곳마다 북새통을 이루었고 큰 성공을 거두었다. 이처럼 위기는 기회이고, 기회를 잘 이용하면 호기가 온다.

　세상의 일은 예측했던 것과 반대로 움직일 수 있다. 2011년 일본에서 최악의 지진이 발생했을 때 사람들은 일본 경제는 폭락하고 세계 경제에도 적잖은 타격을 줄 것이라고 예상했다. 그러나 결과는 빗나갔다. 일본은 서서히 내성과 면역력을 키워 고개를 다시 들고 있다. 앞으로 재건 붐이 일면서 세계 경제가 활성화 될 듯하다.

　한쪽의 위기는 다른 쪽의 호기를 불러올 수 있다. 특히 일본의 지진은 우리나라에게 더욱 호기다. 일부 산업 등은 일본의 공백을 채우면서 반사이익을 볼 것이다. 게다가 이 일을 통해 재앙에 대한 경각심을 불러일으켜 사전에 준비해야 한다는 교훈까지 얻었다. 상대가 최악의 카드를 들고 있다면 나한테는 도움이 된다. 남들이 다 움츠리는 위기상황이 나에게는 오히려 절호의 기회가 된다.

　주식투자도 폭락장 속에서도 높은 수익을 챙긴 사람들이 있다. 구제역이 터졌을 때에도 세차장은 큰돈을 벌었다고 한다. 구제역이 퍼진 지역을 차로 지날 때 약을 뿌리기 때문이다. 북한의 '연평도 포격'이라는 위기는 연평도에 해병대 전력을 강화시키는 호기를 만들어냈다.

　위기를 두려워하지 말자. 위기는 나를 괴로움에 빠뜨리지만은 않는다. 위기에서 호기를 건져내야 한다. 위기는 병을 주기도 하고 약을 주기도 한다. 따라서 위기는 재발만 되지 않으면 역기능보다 순기능이 더 많다. '한번 부러진 뼈는 다시 그 자리가 부러지지 않는다'는 말처럼 위기

가 물러나면 그만큼 내성이 강해질 수 있다. 위기는 이를 극복하려는 의지와 아이디어가 있을 때 호기와 궁합이 맞는다.

제너시스BBQ 윤홍근 회장은 IMF 당시 기업들이 광고비, 설비비를 줄일 때 공격적으로 비싼 광고를 하여 가맹점주들을 모집했다. 외환위기 때 명퇴자들은 TV에 자주 나오는 BBQ치킨점을 생계아이템으로 삼았고, 삽시간에 가맹점은 500개 늘어나 현재는 전국 4000여 개가 넘는다. 이렇게 위기 뒤에는 반드시 기회의 얼굴이 숨어있다. 그 기회는 곧 성장 엔진이 된다.

소외계층에게 잘하면 행운이 온다

다닥다닥 작은 집들이 붙어있는 동네에 가면 아직 구멍가게들이 남아있다. 하지만 그나마도 동네 상권까지 침입한 편의점과 대형마트 때문에 고전을 면치 못하고 하나둘씩 폐업의 위기에 몰리고 있다. 이런 와중에서도 굳건하게 자리매김하고 있는 오래된 소매점이 있으니 주목할 만하다. 동네 주민들은 비교적 싸지도 않고, 대단한 서비스를 하는 것도 아닌 이 가게에 왜 발길을 끊지 않는 걸까? 특별한 장사 비결이라도 있는 걸까?

주인에게 물어보니, 별것 없고 그냥 동네 어르신들에게 잘해드린 것뿐이란다. 구매력이 없는 그분들에게 말동무도 해주고 가끔 간단한 음료수나 과자를 드리는 것이 전부라는데, 주인아저씨야 말로 고객만족 서비

스 전략의 달인이다. 흡족한 노인들이 집에 돌아가 자식들에게 연신 가게 자랑을 하며 기꺼이 홍보 대사로 활동했을 테니까.

이렇듯 소외된 사람들에게 잘하면 최소 떡고물이라도 떨어진다. 반대로 이빨 빠진 호랑이라고 업신여겼다가는 난처한 상황을 비켜 가기 힘들다.

직장에서 사무실 청소를 하는 아주머니를 홀대한 과장이 있었다. 과장입장에서 보면 그 아주머니는 전혀 자신에게 영양가도 없는 사람이었을 것이다. 과장은 아주머니를 함부로 대했고, 항상 짜증 섞인 목소리로 말했다. 아주머니는 결국 일을 그만두게 되었는데, 과장의 행태가 사장 귀에까지 들어갔다. 알고 보니 청소아주머니가 사장의 친척이었던 것이다. 과장은 한 단계 강등되어 발령이 났다.

우리는 잘나가는 곳에 줄을 서고, 그렇지 않은 곳은 업신여긴다. 승진을 하면 직책도 풀리고 책상도 넓어지고 교육기회도 주어지지만, 승진탈락자에게는 아무것도 없다. '승진탈락자 위로 과정'을 만들어 시행하면 경쟁에서 이기지는 못했지만 자신의 노력을 알아준 것이 고마워 더 성과를 내려고 노력하지 않을까?

유명한 사회복지단체와 기관은 명절 때마다 정치인이며 기업인이며 너도나도 방문하여 주체 못할 도움의 손길에 행복한 비명을 지르는데, 시골의 이름 없는 양로원이나 영세 단체에는 불우이웃돕기 성금마저 귀하다.

특권계층에게는 비굴할 정도로 굽실거리면서 소외계층에게는 무심한 현실이다. 그들을 더 잘 챙겨야 한다. 그들은 자신들의 처지보다 주변의 냉담함에 더 가슴 아파한다.

직속상사에게는 커피전문점에서 원두커피를 사다주면서 사무실 경비아저씨에게 자판기 커피 한잔 뽑아준 적 있는가? 미국인들에게는 고분고분하면서 동남아 사람들은 은연중에 무시하지 않는가? 결손가정아이들, 다문화가정, 장애인, 무직자, 실직자 등 주변의 소외된 사람들을 패배자로 여기지 않았는가?

사람들은 가마 타는 즐거움만 알지 가마를 메는 사람들의 괴로움을 모른다. 모든 사람들을 공평하게 긍정의 눈으로 바라보자. 소외계층에게 온정을 쏟으면 그들이 직접은 아니더라도 언젠가 간접적으로 행운의 박씨를 물어다 줄 것이다. 반대로 소외계층을 무시하면 어느 순간 당신도 똑같은 처지가 될 수 있다.

최고의 제테크는 자신에게 투자하는 것이다

아마 재테크에 관심 없는 사람은 아무도 없을 것이다. 대부분 재테크라고 하면 금융쪽을 떠올린다. 사회에 첫발을 내딛는 순간부터 급여를 쪼개 각종 금융상품이나 재테크 수단에 귀를 기울이는 것이 결코 낯설지 않다. 부동산에 관심을 갖는 것도 금융자산의 증대 목적이다.

그러나 재테크를 금전적인 것으로만 국한시키는 것은 근시안적인 발상이다. 진정한 의미의 재테크는 바로 '자기계발'이다. 금융재테크에만 올인하다가 자기계발을 소홀히 하여 후회하는 삶이 되지 않도록 해야 한다. 서서히 강한 자신을 만드는 자기계발만큼 리스크 없는 재테크는 없다. 또한 경기 상황과 무관한 방법이다.

직장생활 10년 차인 지인은 오로지 돈을 모으기 위해 모든 시간을 썼다. 그는 직장에 다니면서 직접 주식 투자, 펀드 통장, 적금통장 등을 몇 개씩이나 만들어 직접 관리하고 있다. 그는 은행사이트를 수시로 들락거리며 입출금을 일일이 혹인하고, 행여 투자해 놓은 주식이 내리지 않았을까 하는 조바심에 업무 시간에도 몇 분마다 인터넷 증시현황을 체크하는 데 시간을 할애했다. 자기계발은커녕 자신의 업무조차 제대로 해내지 못한 그는 지금 만년 과장이다. 묶어 놓은 돈의 이자가 얼마나 불어나고 있는지는 정확히 알 수 없으나, 자신의 역량은 기하급수적으로 하락하고 있다.

부동산, 주식 등의 재테크는 직접 챙기지 말고 전문가에게 위임하라. 자신이 직접 모든 재테크를 곤장하는 것 자체가 힘들 뿐더러 일과 재테크를 동시에 잡으려다 두 마리 토끼를 다 놓칠 수 있다. 이렇게 적절하게 위임하여 확보한 시간을 효율적인 자기계발에 몰입하는 시간으로 바꿔 보면 어떨까? 유형의 금융재테크 수단에 투자하는 것 이상으로 무형의 자기계발에 투자해야 한다. 성공한 사람들도 자기 자신의 투자, 좋아하는 일에 대한 투자에는 매우 공격적이었다.

프라모델 완구로 유명한 아카데미 과학사 김순환 회장은 자기계발의 일환으로 취미 삼아 시작한 프라모델 제작에 전 재산을 쏟아 부었다. 안정된 생활이 보장되는 교사직도 집어던지고, 서울 삼선교 작은 방에서 사업을 시작했다. 어려움도 많았지만 그는 지치지 않았다.

실물을 정확하게 축소 제작하는 프라모델이지만 이렇다 할 설계도를 구하지 못해 실제 전투기를 하나하나 자로 재어 만드는 열정을 불살랐다. 꾸준한 노력 끝에 지금 회사는 세계에서 손꼽히는 프라모델 제작 전문회사가 되었다.

마지막까지 나에게 힘이 되어주는 것은 자기 자신의 상품가치다. 자기계발 재테크 상품이야말로 진정한 이른바 '묻지마 투자' 상품이다.

세상은 나를 위해 움직인다

누구나 살면서 크고 작은 절망을 겪는다. '자고 일어났더니 일약 스타가 되었다'는 말은 카드놀이의 뻥카와(거짓말로 부풀리는 카드) 같은 것이다. 스타 연예인들, 국가대표 선수들, 기업경영자들 게다가 명강사에 이르기까지 성공한 사람들의 공통분모는 실패를 극복해냈다는 데 있다. 상황은 절망적이지만, 희망과 꿈이라는 끈을 놓지 않았다.

지금 벼랑 끝에 서있다면 '세상은 나를 위해 움직인다'고 생각해보자. 최소한 절망학과 연속 수강에서 졸업해 절망을 딛고 일어서게 할 것이다. 이것이 바로 스스로에게 동기를 부여하는 '셀프 리더십'이다.

어찌 보면 세상은 참으로 혼탁하다. 특히 비즈니스에서는 서로의 이익을 위해 인정사정 봐주지 않고 물고 물리다 보니 순수한 잣대가 통하

지 않는다.

그러나 세상은 아직 아름답다. 부정부패도 많지만 청렴의 본보기도 많고, 주변엔 악한 사람보다 선한 사람이 눈에 더 들어온다. 어찌됐든 세상은 굴러가고 있고 그 중심에는 내가 있다.

가끔 어떤 상황이 정말 나에게 절묘하고도 유리하게 전개됨을 느껴본 적이 있을 것이다. 그땐 모든 것이 다 술술 풀린 것 같은 느낌이 든다. 이렇듯 세상이 철저하게 다른 사람을 위해 움직이지 않고 나를 위해 움직인다고 생각하자. 다른 사람 따위는 의식하지도 말자. 인생은 결국 내가 주인공인 드라마이고, 세상은 백그라운드에 불과하다는 마인드가 성장하는 나를 만든다. 비누로 손을 씻지만 나도 비누를 씻어주는 것이다.

- 여건과 상황만을 탓하며 망설이는 자
- 하는 것마다 풀리지 않는다면 투덜대는 자
- 해보지도 않고 포기하는 자
- 잠재된 열정을 묵혀 두고 빈둥거리는 자

정신 똑바로 차려라! 이 순간에도 필름은 돌아가고 있다. 현실도 버거운데 뜬구름 잡는 소리한다고 말할 수도 있다. 자신의 상황을 한번 돌아보자. 온통 부정적 마인드를 세팅할 정도로 현실이 그렇게 심각한가?

당장 길바닥에 나 앉는 거 아니지 않는가? 지금 몸을 가누지 못할 정도로 아파 일을 못하는 거 아니지 않는가? 세상에는 나보다 더 어렵고 힘든 상황에 처한 사람들이 자존감을 높이며 하루하루를 힘차게 살아간다는 것을 깨달아야 한다.

선천적으로 팔다리가 없는 호주의 닉 부이치치는 발가락 몇 개로 컴퓨터를 하고 수영도 하며 세상의 '긍정 전도사'로 활동하고 있다. 불의의 사고를 당해 얼굴에 심한 화상을 입은 이지선 씨 또한 진정한 나의 모습을 찾았다고 하며 자신보다 더 어려운 환경에 처한 사람들을 도우며 살고 있다.

우리는 지금 있는 그대로의 나 자신을 사랑해야 한다. 그리고 인생의 주인공으로 지금껏 살아온 날보다 더 많은 날을 살아가야 한다. 세상의 벽은 크고 두껍지만 충분히 나의 자존감으로 넘어설 수 있다. 거울을 보라. 거울은 절대 혼자 웃지 않는다. 내가 웃어야 웃는다. 거울 속의 주인공도 바로 나다.

우울증을 겪어야 인생의 내성이 생긴다

경찰청 자료에 의하면 우리나라의 한 해 자살 사망자수는 12,000여 명에 이른다. 하루 32명 꼴로 이는 한 해 교통사고로 사망하는 8000여 명보다 많다. 불명예스럽게 OECD 국가 중 자살률 1위다. 그 원인으로 1위가 우울증, 2위가 생활고, 3위가 가정 또는 학교 등의 환경문제라고 한다.

우울증은 가장 심각한 사회문제가 되었다. 이는 내시경을 할 때 발견되는 용종과도 같다. 빨리 제거하지 않으면 암세포로 번지는 무서운 인자이다. 체내에 독이 되어 정서적 질서마저 무너뜨린다.

우울증의 치유에는 어떠한 물리적 방법도 도움이 되지 않는다. 병원에서 처방받는 항우울제가 일시적으로 치료는 될 수 있지만, 온건한 치유는 불가능하다. 언제든 재발할 수 있는 뿌리가 남아있기 때문이다. 그러면 어떻게 해야 할까?

맵고 자극적인 음식을 좋아하는 우리나라 사람 중 40% 이상이 크고 작은 위염을 갖고 있다고 한다. 우울증은 위염과 같다. 좀 더 정확하게 말하면 소화기관에 붙어 괴롭히는 헬리코박터 파이로니와 같은 균이다. 이에 대한 강력한 제균제는 현실을 온건히 받아들이는 마음가짐밖에 없다. 우울증은 인생에서 겪는 하나의 필수 코스로 생각하고 있는 그대로 받아들이자.

그리고 이렇게 마인드 컨트롤 해보자. '그래 또 내가 우울하구나', '이러다 말겠지', '서서히 없어지겠지', '언젠가 좋은 일이 생기겠지' 등 어디까지 우울해지는지 지켜 보자는 식으로 대처해 보자.

지독한 질병에 걸려 마음이 심약해진 사람은 병이 잘 낫지 않는다. 가난 때문에 자신의 처지를 비관하는 사람은 더욱 가난을 벗어나기 힘들다. 일이 잘 풀리지 않는다며 투덜투대는 사람에게 상황은 언제나 얄궂게 꼬여만 간다.

우울증이라는 것도 우울한 사람에게 더 가중되는 것이다. 찰거머리같이 달라붙어 나를 괴롭히는 우울증을 정면 돌파하라.

때론 우울증에 대한 역발상이 인생의 내성을 키우는데 큰 몫을 한다. 필자의 동네 세탁소 아저씨가 그러하다. 어느날 팔을 다쳤는데 한동안

우울해 하시더니 툴툴 털고 일어났다. 그는 긍정의 역발상을 했다.

1. '팔을 다쳐서 불편하시겠다'는 말에 왼쪽 팔만 부러져 밥 먹는데 지장이 없다고 했다.

2. '앞으로 넘어져서 공교롭게 팔을 다쳤다'는 말에 뒤로 넘어졌으면 머리를 다쳤을 텐데 천만다행이라 했다.

3. '평일에 다쳐서 일을 못하시겠다'고 했더니 평일이기 때문에 여유있게 병원에 갈 수 있어서 좋다고 했다.

그는 우울증을 겪고 나서 확실한 내성이 생겼나 보다.

미국의 가장 유명한 대통령 링컨 또한 삶이 온통 좌절과 우울의 연속이었다. 세 번의 파산과 한 번의 파혼, 그리고 정신병원 입원에 상하의원을 비롯한 각종 선거에서 여덟 번의 낙방을 딛고, 1860년 미합중국 대통령에 당선되었다. 수많은 우울한 상황을 이겨내어 이미 그에게는 우울에 대한 항체가 생겼던 것이다. 그가 마지막에 한 이야기가 인상적이다.

내가 걷는 길은 험하고 미끄러웠다.
그래서 나는 자꾸만 미끄러져
길바닥 위에 넘어지곤 했다.

그러나 나는 곧 기운을 차리고

내 자신에게 말했다.

"괜찮아, 길이 약간 미끄럽긴 해도 낭떠러지는 아니야."

힐링이 답이 아니다

한때 트렌드를 대표했던 웰빙(Well-Being)이 가고 힐링(Heeling)이 대세이다. 어디가나 쉽게 힐링을 접한다. 힐링이 돈이 된다며 벌떼처럼 나방처럼 달려들어 우후죽순처럼 관련 사업도 생겨났다. 힐링푸드, 힐링스포츠, 힐링강좌, 대중매체에서는 힐링프로그램까지 이를 부추기고 있다. 아픈 마음을 위로해주고 치료해주고 보듬어 주는 힐링은 참으로 좋은 것이다.

그러나 웬지 나약하고 심약해지는 기분이 든다. 힐링은 기성 세대에게 어울린다. 혈기 왕성하고 앞길 창창한 젊은이들에게도 힐링이 강조되어야 할까? 생활고에 학점고에 취업난까지 고민해야 하니 힐링이 답이라고? 아니다. 힐링이 거꾸로 그들을 주저앉히고 징징거리게 만든다.

필자가 어쩌다 학교강의를 나가면 희망과 비전을 잃은 학생들이 많아 안타깝다. 일부 학생들은 스펙 쌓기에만 급급하다. 취업을 할 때 또한 자신보다 회사의 비전에 대해 궁금해 하고 자기성취동기에 앞서 월급이 얼마냐를 따지고 있다.

어쩌다 잘 안되면 세상이 자신을 몰라본다며 푸념을 한다. 이런 젊은 이들에게 필요한 것은 힐링이 아니다. 차라리 이들에게는 웰빙을 향해 열심히 뛰라고 가르쳐야 한다.

치고 나가지 못하고 편하게 안주하려는 속성은 힐링과 이웃사촌이다. 기성 세대나 젊은 세대나 모두가 안정지향성 힐링만 찾는다면 역동적이고 능동적으로 움직이는 사회를 만들 수 있을까 반문해 본다.

아이들이 불쌍하다며 전전긍긍, 그저 감싸 안으려는 부모들의 책임도 크다. 그러니까 캥거루족들이 늘어가는 것이다. 캥거루 주머니 속에서 안주하며 응석의 굴레에서 빠져나오지 못하는 삶은 '굴절된 힐링'이 되어버린 오늘날 젊음의 자화상이다.

힐링은 최후의 수단이지 최선의 수단이 아니다. 힐링은 오랜 인생여정에서 상처받았을 때 필요한 것이다. 팍팍한 삶에 지칠대로 지치고 극심한 스트레스에 시달릴 때 힐링이 필요한 것이다.

힐링이 필요한 상황까지 가지 않은, 당장 힐링을 해야 할 만큼 상처가 깊지 않은 젊은이들은 힐링 이전에 먼저 장작불처럼 훨훨 타올라야

한다. 그러다가 장작불이 좀 더 잘 타게 공간을 남겨주는 것이 힐링이다. 아무 때나 힐링 운운하며 움츠러 들지 않았으면 좋겠다. 꿈 많고 가능성 충만한 이들에게는 힐링은 예외 조항이다.

터닝 포인트가 아닌 티핑 포인트를 찾아라

누구나 인생에서의 분기점이 있다. 이를 터닝 포인트(Turning Point)라고 한다. 그러나 인생의 나들목에서 확실한 전화위복(轉禍爲福)을 주기 위해서는 터닝 포인트가 아닌 티핑 포인트(Tipping Point)가 있어야 한다. 터닝 포인트가 단지 전환점이라면, 티핑 포인트는 '극적인 전환의 순간'을 의미한다. 전자보다 후자가 훨씬 더 큰 개념이며 티핑 포인트는 반전의 속성까지 지니고 있다.

티핑 포인트(Tipping Point)는 좌절을 딛고 일어서게 하고, 부정의 늪에서 빠져나오게 한다. 일종의 '회복 탄력성'인 셈이다. 탄력은 있지만 회복이 되지 않는 터닝 포인트와 차이가 있다.

다음 이야기를 보자. 경기불황으로 어느 제조회사에서는 사무직 관

리자들의 직무를 구조조정하였다. 본사가 아닌 지방 공장으로 내려가 생산 현장일을 돕는 것으로 어려운 일은 아니지만 관리직에서 생산직으로 격하시킴으로써 자존심에 상처를 주어 자연 퇴직을 권고하는 조치였다.

A부장과 B부장은 동일 생산현장으로 발령이 난 입사동기 사이. 그러나 두 사람의 마인드는 판이하다. A부장은 생산직 발령에 대한 불만이 컸으며 어느 순간 자신이 기계부품이나 조립하는 일을 하는 것으로 전락하게 된 것을 몹시 창피하게 여겼다. 결국 말수도 없어지고 골이 깊어지더니 현장에 오래 적응하지 못하고 사표를 던지고 만다. 이후에 다른 여러 가지 일에 도전해 보지만 푸념 속에 일이 잘될 리가 없다. A부장이 과거의 향수를 들먹일수록 현실의 비애감만 짙어질 뿐이다.

이에 비해 B부장은 너무도 긍정적이다. 주어진 현실에 순응하여 생산 현장에서 일을 감수하며 즐겁게 일한다. 무엇보다 골치 아픈 기획업무 하나 없고 머리 쓰지 않는 단순 업무만 있다며 기분 좋게 발상마저 전환해 본다. 게다가 생산직원들과의 유대관계도 좋아 분위기가 유쾌하다. 시간이 흘러 회사의 경영이 안정되었을 때 사장은 긍정의 B부장을 다시 본사 요직으로 불렀다. 현장경험이 풍부하여 임원으로서 제격이라나. B부장의 통쾌한 티핑 포인트사고의 한판승이다.

티핑 포인트는 낙타가 바늘을 통과할 수 있다는 발상전환을 가져온

다. 이는 곧 전화위복의 기회를 제공한다. 회복과 탄력을 동시에 추구하
는 티핑 포인트가 어려운 상황대응의 해법이다.

우린 지금 행복한 거다

　지구상의 약 63억 인구를 100명으로 압축했을 때의 통계가 흥미롭다. 100명 중 20명은 영양실조이고, 1명은 굶어죽기 일보 직전이며, 43명은 위생시설이 갖춰지지 않은 곳에서 살고 있고, 18명은 깨끗하고 안전한 물조차 마실 수 없다고 한다. 또한 18명은 1000원도 안 되는 돈으로 하루하루 버티기에 급급하고, 자가용을 보유한 자는 100명 중 7명, 오직 12명만이 컴퓨터를 가지고 있고 그중 3명만이 인터넷을 할 수 있다고 한다. 그런가 하면 대학교육을 받은 사람은 단 1명뿐이며 14명은 글조차 못 읽는다고 한다. 25명은 제대로 거처할 곳조차 제대로 없으며, 38명은 전쟁과 테러를 비롯한 기타 공포에 떨며 살고 있다고 한다.

　상대적으로 우리는 얼마나 행복한 나라에 살고 있는가? 그런데 우리는 정작 불행하다 느끼고 있다. 2012년 현재 세계 10위권의 경제규모를 자랑하는 우리나라의 행복지수는 전체 151개국 중 63위, OECD 가입국가 중에서는 32위로 꼴찌다. 물질적으로 풍요로워졌는데 행복하지 않다는 것이다.

불과 50여 년 전만 해도 우리나라의 경제상황은 절망적이었지만, 6.25의 폐허를 딛고 그동안 눈부신 성장을 했다. 전쟁 후 최빈국가로서 미국의 구호물품에 의존하여 살던 나라가 걸죽한 국제적인 인물들을 배출해내고, 빈민국을 도와주고 있다. 흑백 TV조차 만들지 못해 일본으로부터 비웃음을 샀던 나라가 '국제 가전쇼'에서 일본을 제치고 TV시장을 석권하고 있다.

지형적으로 보아도 한반도는 축복의 땅이다. 천재지변에서 완전히 자유로울 수는 없지만, 사계절이 뚜렷하고 불모지대가 거의 없는 곳이다.

그뿐인가? 어쨌든 우리는 민주주의를 달성했다. 자유롭게 의사표현을 할 수 있고, 새벽 2~3시에도 젊은 여자가 편의점을 오갈 수 있을 정도로 비교적 안정된 치안망도 갖추고 있다. 각계각층이 골고루 발달하여 자신의 꿈을 펼칠 길과 억울함을 하소연할 수 있는 길도 많이 생겼다. 상대적인 빈곤감은 있을지언정 절대적인 박탈감은 없는 사회가 되었으니 우린 이만큼 행복한 거다.

앉으면 눕고 싶고 누우면 자고 싶다더니 행복에 대한 욕망은 임계치

가 없는 듯하다. 주위를 돌아보면 나보다 더 힘들고, 어렵고, 웃음을 잃어가는 사람들이 더 많은데 우리는 자신이 불행하다고 느낀다. 값싼 전기, 안정된 사회보장망 등 일상의 행복을 주는 혜택을 당연시 여기며 살고 있다. 욕심과 바람 때문에 더 큰 행복을 갈망한다. 사고 싶은 것 다 사고, 하고 싶은 일 다 하면서 국가를 탓하면서 더 이상 허리띠를 졸라매지 않으려 한다. 그러면서 스스로 아직 불행하다고 한다. 헝그리 정신이 채워지고 나니, 어그리 정신이 된 것이다.

절대적 행복은 간과하고 상대적 행복만 찾지 마라. 행복은 지속적인 노력, 책임과 의무를 다해야 유지될 수 있다. 분명 우리는 지금 꽤나 행복한 거다. 지금 행복을 과소평가하거나 과욕을 부리지 말자. 내가 불행하다고 느끼면 동정의 기회는 오지만 행복을 누릴 기회는 오지 않는다.

일상에서의
생각 혁명

:: A형은 소심하다.
→ 사람마다 다르다. 어떤 때는 O형이 더 소심하다. 한번 삐지면 더 오래간다.

:: 마른 사람은 깐깐하다.
→ 그럼 뚱뚱한 사람은 항상 후덕한가? 마르지만 정 많은 사람도 많다. 사람 겉모습만 보면 알다가도 모른다.

:: 사공이 많으면 배가 산으로 간다.
→ 사공이 많으면 견제하고 협력하여 더 잘될 수 있다. 사공이 많든 적든 리더만 똑똑하면 된다.

:: 아픈 만큼 성숙해진다.
→ 아픈 만큼 손해다. 아픔을 딛고 일어서는 경우가 있지만, 이때는 성숙해지는 것이 아니라 독해지는 것이다.

:: 여자는 남자가 하는 일을 못한다.
→ 남자들의 전유물인 일은 이제 없다. 여자들이 시키면 더 잘할 때가 있다. 운전도 더 잘하고 훈련도 더 잘한다.

:: 셋째 딸은 선도 보지 않고 데려간다.
→ 셋째 딸이 이쁘고 착하다는 근거는 어디에도 없다. 더구나 얼굴도 안 보고 데려가는 것은 위험천만이다.

∷ 운동선수는 운동만 잘하면 된다.
 → 운동만 잘하는 운동선수는 젊을 때 운동만 하고 끝난다. 운동선수도 공부하여 관리자가 되고 사회생활도 잘한다.

∷ 하다가 중지하면 아니 함만 못하다.
 → 가다가 중지해도 간 만큼은 이익이다. 중지해서 얻는 시행착오의 교훈도 있다. 거기까지만 손익계산서를 뽑으면 된다.

∷ 말을 잘해야 설득할 수 있다.
 → 유창한 말이 아니더라도 설득할 수 있는 방법은 얼마든지 있다. 문자를 한다든지 다른 것으로도 호감을 줄 수 있다.

∷ 남남북녀
→ 이제는 남남남녀이다. 북한과 경제적, 문화적 차이가 크게 벌어지면서 잘생긴 남자와 예쁜 여자는 우리나라가 단연 최고다.

∷ 인재가 많이 모인 회사가 강한 회사다.
→ 인재가 많이 모였다는 것이 중요한 게 아니라 어떤 형태로 모였는냐가 중요하다. 조직화가 되어 있지 않으면 아무리 좋은 인재도 소용없다.

∷ 무능한 사람이 욕을 먹는다.
→ 무능한 사람은 욕을 먹지 않는다. 다만 짤릴 뿐이다. 인재는 많기 때문에에 유능한 사람에게 일이 맡겨진다.

∷ 많이 고민하고, 머리를 자주 감으면 머리가 빠진다.
→ 머리는 자주 써야 한다. 고민한다고 빠질만큼 약하지 않다. 또한 머리를 자주 감으면 노폐물을 제거해 두피건강에 도움을 준다.

:: 친구 따라 강남 간다.
→ 무작정 친구 따라 나서는 무분별한 사람은 없다. 요즘은 친구가 가자고 보채도 잘 가지 않는다.

:: 전문직이 돈을 많이 버는 최고의 직업이다.
→ 소위 의사, 변호사, 회계사 등 전문직이라도 성공의 우위를 보장받지 못한다. 그들도 생계를 걱정하고 살아 남기 위해서 노력한다.

:: 베스트셀러가 우수한 책이다.
→ 요즘 베스트셀러는 입소문이 아니라 계획적으로 만들어지기도 한다. 마케팅력만 있으면 이를 얼마든지 양산할 수 있으니 꼭 우수한 책이라 보기 어렵다.

:: 결손가정에서 자란 아이가 문제가 많다.
→ 착하고 반듯한 아이들도 많다. 사회적 무관심과 선입견 등의 냉소적인 태도가 그들을 문제아로 만들기도 한다.

:: 유유상종
→ 요즘은 같은 부류끼리가 아니라 다른 부류끼리 친하다. 전혀 다른 것끼리 만나서 융합기술을 선보이기도 한다.

:: 공부에는 때가 있다.
→ 평생학습 시대다. 언제 어디서든 마음만 먹으면 공부할 수 있다. 자기계발의 일환으로 공부는 평생 따라다닌다.

:: 축구경기에서 골대를 맞추면 질 확률이 크다.
→ 징크스일 뿐이다. 골대를 맞추고 진 경기만 기억해서 그런 것일뿐 그렇지 않은 경기도 셀 수 없다.

:: 사랑에 빠지면 일이 흔들린다.
→ 아니다. 보편적으로 사랑에 빠지면 일이 더 잘된다. 콩깍지가 씌워서 물불 안 가릴 것 같지만 일도 가려서 잘한다.

:: 인터넷 댓글은 주로 신세대가 단다.
→ 댓글은 신세대보다 보수적인 40~50대가 더 많이 단다고 한다. 신세대는 댓글 달 시간에 놀기 바쁘다.

:: 휴가는 한여름에 간다.
→ 이제는 연중 필요할 때 시도때도 없이 간다. 개인마다 휴가일정을 고르고 조정한다. 피서가 아니라 휴식이나 엔터테인먼트 개념이 되어버린지 오래다.

:: 월급쟁이는 부자가 못된다.
→ 월급쟁이 임원들은 고연봉에 주식 스톡옵션에 그야말로 돈다발이 떨어진다. 월급쟁이는 시간이 지날수록 쥐꼬리 월급이 공룡꼬리가 된다.

:: 공무원은 철밥통이다.
→ 아니다. 공무원도 평생직장이 아니다. 그들도 구조조정을 당하고 생존경쟁을 위해 노력한다. 가만히 앉아있다고 저절로 잘되지 않는다.

:: 콩 심은 데 콩 나고, 팥 심은 데 팥난다.
→ 유전공학이 발달하여 콩 심은 데서 팥 날 수 있다. 예상도 많이 빗나간다. 교사 자녀들이 지도를 잘해도 비뚤어지기도 한다.

:: 남녀 사이 친구는 없다.
→ 남녀 사이라고 해도 친구 이상의 감정이 일어나지 않는 경우도 많다. 초등학교 동창들은 그저 친구로 오래 남는다. 그리고 친구가 아니면 이상한 사이다.

:: 인생에서 기회는 세 번 온다.
→ 기회가 영영 안 올 수도 있고 딱 한번, 아니면 수시로 들락날락할 수도 있다. 기회 자체를 예측하기 어렵다.

:: 달밤에 체조한다.
→ 얼마든지 밤에 운동 또는 체조할 수 있다. 정취도 있고 더 좋다. 엉뚱한 행동이 아니다.

:: 싼 게 비지떡이다.
→ 싸고 좋은 물건도 많다. 중국산이라고 다 싸고 나쁘지도 않다. 저렴한 싼 모조품도 품질에서는 밀리지 않는 것이 있다.

:: 경험이 많을수록 일을 잘한다.
→ 꼭 경험과 업무성과가 비례하는 것은 아니다. 갓 들어온 신입사원이 탁월한 성과를 내고, 10년 베테랑이 헤매기도 한다.

:: 스펙이 좋으면 인재다.
→ 스펙 만능주의가 아니다. 면접볼 때 스펙은 참고사항이다. 스펙은 좋지만 인성이 약할 수 있다. 반대로 스펙보다 실질적 능력을 갖춘 인재가 있다.

:: 백지장도 맞들면 낫다.
→ 백지장은 잘못 맞들면 찢어진다. 섣두른 팀워크보다는 개인이 하는 것이 훨씬 나을 때가 많다. 혼자 하는 게 속편하기도 하다.

:: 책상에 오래 앉아있으면 일을 잘한다.
→ 일의 성과는 시간에 비례하지 않는다. 열심히 밤늦도록 컴퓨터를 만지작거리는 신입사원에게 다가가 보라. 그는 온라인게임을 하고 있으리라.

:: 경기가 나쁘면 모든 소비가 위축된다.
→ 소비가 살아나는 것도 있다. 실제 통계를 보면 경기가 안 좋으면 소주나 맥주 등의 술과 복권을 사는 사람들이 많다고 한다.

:: 1탄보다 나은 2탄은 없다.
→ 영화 2탄이 1탄보다 나은 작품이 많다. 그동안 과학기술이 발달하여 볼거리도 많아졌고, 1탄을 개선하여 2탄을 내놓기도 한다.

:: 외모보다 마음씨가 고와야 한다.
→ 현실은 마음씨보다 외모를 중시한다. 성형외과가 호황인 이유도 그것이다. 마음씨는 고운데 외모가 아닌 사람들은 홀대를 받기도 한다.

:: 먹는 장사는 망하지 않는다.
→ 먹는 장사가 더 잘 망한다. 사람들이 외식비를 점점 줄이는 추세고 창의적 아이템이 없는 먹는 장사는 쪽박신세를 면치 못한다.

:: 사랑하는 사람에게는 잘못해도 관대하다.
→ 사랑하는 사람이기에 더 봐주질 않는다. 잘못하면 맞아죽는다. 사랑은 모든 것을 용서하지 않는다.

:: 참는 자에게 복이 온다.
→ 너무 참으며 살다가는 화병 걸린다. 자기 의사를 분명하게 하여 참지 말고 분출해야 한다. 참는 것에도 한도가 있다.

:: 도둑이 제발 저린다.
→ 나쁜 사람들은 나쁜 짓을 하면서 죄책감을 느끼지 않는다. 놀라지도 않고 표시도 안 나게 지능적이다.

:: 가는 말이 고우면 오는 말이 곱다.
→ 이상하게 가는 말이 고와도 오는 말이 곱지 않다. 내가 잘해준다고 상대방이 그만큼 잘해주지 않는다. 오가면서 변질된다.

:: 모든 고객에게 충성하라.
→ 모든 고객에게 일일이 잘해주고 충성하면 등골이 빠지고 허리가 휜다. 우호적인 고객에게만 충성하면 된다.

:: 40대는 중년 아저씨
→ 아직 40대는 팔팔하다. 엄밀히 말하면 청년과 중년 사이가 40대다. 나이로 가늠하는 시절은 지났다.

:: 돈 많은 사람들이 명품을 산다.
→ 명품은 누구나 갖고 싶어 하고 형편이 안 되는 사람이라도 남을 의식하여 한두 개 정도의 명품을 갖고 있다. 아르바이트해서 모은 돈으로도 산다.

:: 부동산 불패
→ 재테크로 부동산을 생각하는 시대는 지났다. 고령화사회로 접어들수록 부동산 경기는 더욱 침체될 것이다.

:: 저지방, 무지방 식품을 먹는 것이 다이어트에 좋다.
→ 지방은 가끔 섭취해 주어야 한다. 그래야 신진대사가 원활하다. 살 뺀다고 저지방, 무지방 식품만 찾다가는 약골이 되고 만다.

:: 비가 온 뒤에 무지개가 뜬다.
→ 고통과 시련이 끝나면 희망과 기쁨이 온다고 하지만 그렇지 않은 경우가 더 많다. 비가 온 뒤에 질퍽하고 찜찜할 때가 있다.

:: 토익점수가 높으면 외국인과 대화를 잘한다.
→ 영어점수가 높아도 외국인 앞에서 말 한마디 못하고 쩔쩔매는 사람이 많다. 시험성적은 단지 성적일 뿐 실전하고 거리가 있다.

:: 다리품을 팔아야 일이 된다.
→ 부지런히 움직여야 한다고 하지만 움직이지 않고도 일을 잘할 수 있다. 온라인으로 다 처리할 수도 있고 누구에게 맡길 수도 있다.

:: 무자식이 상팔자
→ 말년에 자식이 없으면 외롭다. 자식 때문에 골머리를 앓는다고 하지만 자식 덕을 보기도 한다. 자식 유무가 팔자를 가늠하지 않을 수도 있다.

:: 군대 가면 고생한다.
→ 고생 안 하고 군생활 잘 마치기만 한다. 밥도 잘 나오고 운동도 시켜주고, 몸이 더 좋아질 뿐 아니라, 큰 고민도 없고 좋을 때가 있다.

:: 우는 아이 떡 하나 더 준다.
→ 미운 사람에게는 아무것도 안 준다. 징징거린다고 다 들어주면 버릇된다고 절제한다. 막무가내로 달라고 해도 이젠 소용없다.

:: 늦었다고 생각할 때가 가장 빠르다.
→ 스피드시대, 늦었다고 생각하면 이미 늦다. 기업도 변화하지 않고 제품을 늦게 출시하면 경쟁에서 밀린다. 빨리빨리 해버려야 한다.

:: 로또복권 당첨자들은 인생이 잘 풀린다.
→ 실제 복권 당첨자 중 70% 이상이 불행해지고, 돈 때문에 골치 아픈 삶을 살고 있다고 한다. 갑작스런 변화에 흥청망청 쓰다가 신세를 망치기도 한다.

∷ 상사의 말에는 절대 복종해야 한다.
→ 절대 복종은 군대에서도 안 한다. 불합리한 지시에는 분명히 No라고 해야
한다. 절대 복종이 아니라 합리적 복종이다.

∷ 빈 수레가 요란하다.
→ 조금 아는 사람이 더 많이 아는 척하다가는 금방 밑천이 떨어져 바닥이 드
러난다. 그래서 빈수레는 가만히 있는다. 지식을 가득 채운 수레가 요란하다.

∷ 겸손이 미덕이다.
→ 없는 실력도 있다고 허풍 떠는 세상에 혼자만 겸손한 것은 미덕이 아니다.
특히 자기 자신을 포장할 때는 겸손하지 않아야 한다.

∷ 계약은 구속력이 크다.
→ 계약을 해도 지키지 않는 것이 허다하다. 또한 법적 효력이 없는 계약도 많
다. 계약은 다만 구두로 남기기 애매한 것을 확인한 것 뿐이다.

∷ 사이비 종교는 나쁘다.
→ 사이비 종교 중에도 건전한 신앙생활을 하는 곳이 많다. 사이비라는 기준
자체가 모호하다. 다 같은 하느님, 부처님 등 절대자를 숭배한다.

∷ 전문가가 추천하는 주식 종목을 사라.
→ 전문가 말만 믿고 투자했다가 쪽박 찰 수 있다. 알다가도 모르는 것이 주식
이고 전문가들도 일반 투자자 상대로 작전을 한다.

∷ 매스컴에 나오면 유명하다.
→ 매스컴이 난무하고 다양해지면서 출연했다고 꼭 유명한 인물이 아니다. 변
방의 고수가 진정한 고수다.

:: 농촌 사람들은 패션이 촌스럽다.
→ 강남이 패션을 지배하던 시대는 지났다. 모든 지역의 패션감각이 평준화 되어 농촌이라고 더 이상 촌스럽지 않다. 그들도 세련된 멋을 즐긴다.

:: 제 눈에 안경
→ 다른 사람도 아닌데 내 눈에만 쏙 맘에 드는 경우는 극히 드물다. 내 눈에 안경이면 다른 사람 눈에도 안경이다. 예쁘면 다른 사람도 예쁘게 본다.

:: 뜨내기손님
→ 터미널, 기차역 부근이 음식점 손님을 뜨내기손님이라고 하는데 천만의 말씀. 이들이 바로 단골손님이다. 교통이 발전할수록 뜨내기손님이 없다.

:: 넓은 길은 막히지 않는다.
→ 길이 넓으면 너도나도 그 길로 다니기 때문에 더 막힌다. 명절 때 국도보다 고속도로가 더 막히는 원리이다. 막히는 것 싫어하면 좁은 길로 다녀야 한다.

:: 치킨집을 운영하면 치킨을 실컷 먹는다.
→ 해당 가게를 운영하면 그 음식이나 제품을 맘껏 먹고 쓸 것 같은데 그렇지 않다. 질리도록 보고 만져서 싫어하기도 하고 철저한 재고관리로 먹지 않고 판다.

:: 브로커를 통하면 요금이 비싸다.
→ 브로커가 중간에 수수료를 가져가기 때문에 간접적으로 통하면 요금이 비싸다고 하는데, 혼자하는 여행보다 여행사 통하는 게 싼 것처럼 더 저렴하다.

:: 달리는 말에 채찍질 가한다.
→ 잘 달리는 말에 채찍질하면 신경질 난다. 일 잘하고 있는데 잘하라고 하면 잔소리로 들린다. 달리면 오히려 보듬어 주어야 한다.

:: SNS를 활성화하면 인간관계가 촉진된다.
→ 스마트폰에서의 과도한 SNS 사용은 부작용을 낳는다. 온라인 커뮤니케이션은 증가하지만, 가까운 사람과의 소통도 안 되고 감성터칭을 놓치게 된다.

:: 만화책은 가볍고 킬링 타임용이다.
→ 전문서적 뺨치는 만화책도 많고 만화가 영화나 드라마로도 제작된다. 만화는 정치, 경제, 사회, 문화 전반을 아우르고 있다.

:: 공짜는 아깝지 않다.
→ 사은품으로 받은 물건, 공짜로 받은 선물, 덤으로 얻은 것들은 돈을 내지 않았더라도 내 것처럼 아끼며 잘 쓴다. 공짜든 직접 구입했든 내 것은 내 것이다.

:: 모든 것은 마음먹기 나름이다.
→ 마음먹기는 잘하지만 그 이후는 보장 못한다. 인생을 그렇게 수월하다고, 이겨낼 수 있다고 얕잡아 봐서는 안된다. 마음과 행동이 따로 갈 수 있다.

:: 광고에 나온 약 성분이 우수하다.
→ 어느 제약회사나 복제약을 만들고 있다. 광고에 나온 약이라고 종합병원 처방약이라고 다르지 않고 거의 같다. 광고에 나온 약은 가격만 비싸다.

:: 늑대 같은 남자, 여우 같은 여자
→ 남녀 성향의 경계선이 조금씩 모호해지고 있다. 반대로 여우 같은 남자도 있고 늑대 같은 여자도 있다. 그 속은 아무도 모른다.

:: 흡연은 폐에, 술은 위장에 안 좋다.
→ 둘다 지나치면 건강에 좋지 않은 건 사실이지만 구분되어 있지 않다. 또한 흡연이 폐에도 위장에도 음주보다 더 부정적 영향을 미친다.

:: 개천에서 용 난다.
→ 이유 없이 잘되지 않는다. 무엇이든 밑바탕이나 가진 것이 있어야 한다. 거꾸로 용천에서 개 난다. 좋은 여건과 상황에서 이를 망치는 경우가 발생한다.

:: 용감한 자가 미인을 얻는다.
→ 용감해도 미인이 싫어하면 싫은 것이다. 무턱대고 용감만 하다가는 차이고 만다. 용감하지 않아도 잘생기거나 돈 많으면 미인을 얻는다.

:: 대화로 모든 것을 해결해야 한다.
→ 대화만으로 협상이나 갈등이 해결되지 않는 경우가 많다. 그렇다고 주먹으로 해결해서도 안 되지만 대화 이외의 다른 수단을 더욱 강구해야 한다.

:: 개그맨은 평소에도 웃기다.
→ 개그맨이 집에서는 웃지 않는다고 한다. 방송에서만 웃긴다. 개그작가들이 대본을 써주는 대로 하니까 웃기는 것이다. 웃기지 않은 개그맨도 많다.

:: 정보는 많을수록 좋다.
→ 정보가 많으면 더 골치 아프다. 정보의 바다라고 하지만 불필요한 정보들이 더 많다. 기획서를 쓸 때도 너무 많은 정보가 독이 된다.

:: 추천이 많은 집이 맛집이다.
→ 추천이 많다고 먹으로 가면 후회한다. 그 맛집은 인터넷이나 방송에서만 맛집이다. 돈을 써서 인위적으로 추천 맛집이 되기도 한다.

:: 청출어람(靑出於藍)
→ 경험과 학습과 훈련이 부족한 아랫사람이 윗사람보다 나을 확률은 상대적으로 적다. 일부 똑똑하고 유능한 후배들이 일을 내서 그런 것 뿐이다.

:: 외제차를 타면 돈이 많다.
→ 외제차 돈 주고 산 사람보다 리스로 구입하는 사람이 더 많다. 개인이 아닌 법인 용도로 구매한다. 꼭 돈이 많은 것과 비례하지 않는다.

:: 모기는 해롭다.
→ 모든 모기가 병을 옮기고 사람의 피를 빠는 것은 아니다. 암컷모기가 해롭다. 수컷모기는 꽃가루를 옮기는 등 좋은 일도 한다.

:: 직영점이 서비스가 좋다.
→ 무한 경쟁시대에 가맹점이 생존을 위해 더 잘하기도 한다. 직영점 서비스는 가맹점보다 유연하지 못하다. 직·가맹 구분 없이 상대적이다.

:: 국제행사를 많이 유치하면 이익이다.
→ 올림픽이나 월드컵 화려하게 유치했다가 적자 운영에 허덕이는 나라들이 있다. 빚내서 잔치 벌인 격이 된다. 경제적 위상은 커지지만 자칫하면 실질 경제에 마이너스다.

:: 극심한 추위가 오면 두꺼운 옷과 난방기구가 잘 팔린다.
→ 하나만 알고 둘은 모르는 소리다. 너무 추우면 오히려 겨울용품이 잘 안팔린다. 추위에 움츠러들어 쇼핑하지 않기 때문이다. 적당히 추워야 한다.

죽은 생각 버리기

초판 1쇄 펴낸 날 | 2012년 11월 20일

지은이 | 도영태
펴낸이 | 이금석
기획 · 편집 | 박수진
디자인 | 강한나
마케팅 | 곽순식, 김선곤
물류지원 | 현란
펴낸곳 | 도서출판 무한
등록일 | 1993년 4월 2일
등록번호 | 제3-468호
주소 | 서울 마포구 서교동 469-19
전화 | 02)322-6144
팩스 | 02)325-6143
홈페이지 | www.muhan-book.co.kr
e-mail | muhanbook7@naver.com
가격 13,000원
ISBN 978-89-5601-308-4 (13320)

잘못된 책은 교환해 드립니다.